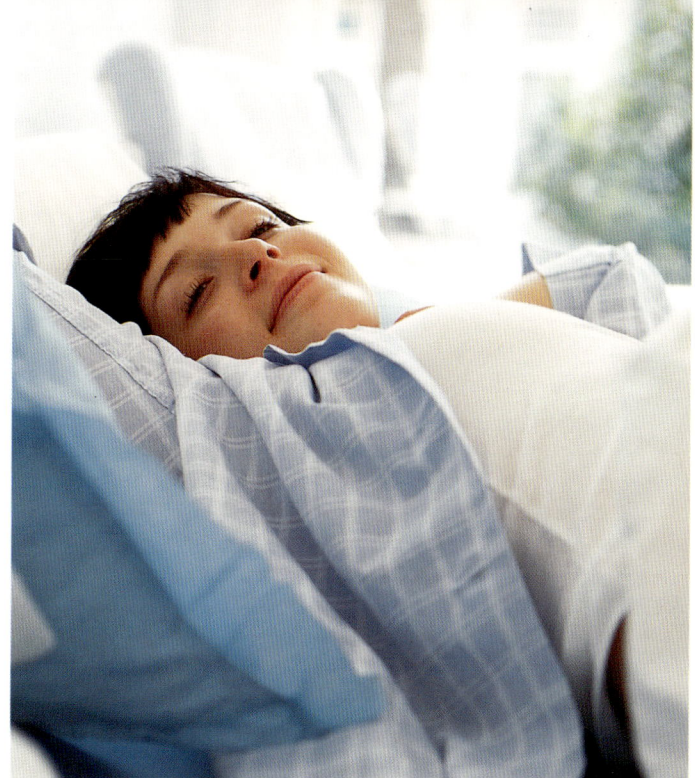

the 10-minute facelift

顔の若さを保つ

テッサ・トーマス 著

小林　淳子 訳

産調出版

the 10-minute facelift

by Tessa Thomas

First English Edition published in Great Britain in 2000 under the title *The 10-minute Facelift*
by Hamlyn, an imprint of Octopus Publishing Group Limited,
2-4 Heron Quays, London E14 2JP

Copyright © 2000 Octopus Publishing Group Limited

All rights reserved.

Japanese translation rights arranged with Hamlyn
through Octopus Publishing Group Japan, Tokyo.

Printed by Toppan, Hong Kong

安全のための注意
マッサージと顔のエクササイズは専門家の医療に替わるものではありません。健康に関すること、特に診断や治療が必要になる可能性のある症状については必ず医師に相談してください。また妊娠中は注意が必要で、なかでもエッセンシャルオイルの使用とマッサージのページにある、指圧する箇所については気をつけてください。エッセンシャルオイルは口にしないこと。赤ちゃんや子どもへの使用は専門家の指導があるときだけにしてください。

目次

- 6 　　顔について知っておきたいこと
- 20 　　親しみのある顔
- 46 　　顔を引きしめる
- 70 　　汚れと毒素を取り除く
- 90 　　顔の肌に滋養たっぷり
- 102 　肌にはたっぷりの水を
- 114 　心と体にいたわりを
- 126 　索引

顔について知っておきたいこと

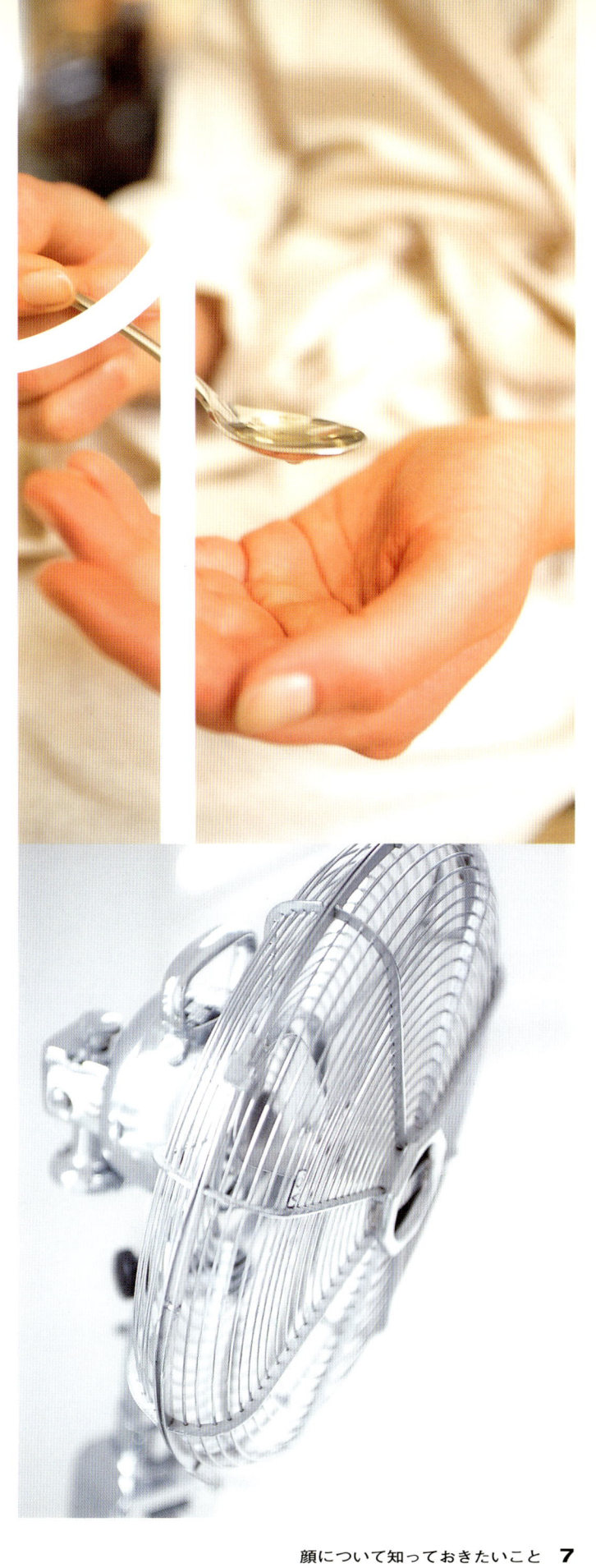

顔に関する事実

　顔の占めるスペースは実はたいしたものではありません。身体を包む皮膚の面積は2平方メートルぐらいですが、そのうち顔をおおっているのはたったの4.5％です。けれども一番注目を浴び、皆が気にしているため、顔を対象にしたビジネスは活気があります。英国人は毎年約7億6千万ポンド（約1200億円強）をスキンケア製品に消費しています。ここには日焼けローションや、日焼け止めクリーム、スリミングクリーム、ボディローションなども含まれていますが、それでも、半分以上の金額が顔に関する製品に消費されています。

　ただ、このアンバランスもなんとなくわかります。どんな顔にも物語があるのですから。顔は、本の表紙のように中身を物語ってくれます。顔には遺伝という偶然に加えて経験により変化するというユニークな特徴があり、笑いじわやしょぼくれた目など、その持ち主の人生の内面をうかがわせる無数のヒントを与えてくれます。

　顔にさらに重要な意味を持たせている文化もあります。日本人にとって、顔は多くのツボがあるところで、これにより「気」が生まれたり、変化したりします。中国人は伝統的な「顔相」術を重視していて、顔の特徴と肌の状態が内臓の状態を反映していると考えています。インド発祥のアーユルヴェーダの信奉者は身体に7つある気のチャンネルのうちのひとつは顎にあると考えています。西洋にはこうした昔からの体系はないかもしれませんが、人それぞれの方法で意識無意識のうちに顔を判断しようとしてきました。「名前は覚えられないけれど、顔は決して忘れない」ことは、世界中どこでもよくあることです。

　文化の傾向がどうであれ、私たちの顔は、自分がどういう人間であったか、また今どういう人間であるかを肉体的にも精神的にももっともよく視覚的に示していると言えるでしょう。しかし、顔が何よりもはっきりとあらわしているのは、たぶん、私たちの年齢ではないでしょうか。年がたつにつれて本の表紙も最初に描いたものとは変わってきます。しわや、ひだや、たるみやくまが描き加えられて、一番注目を浴びる部分が、真っ先に老化してしまうのです。

　なぜこうなってしまうのでしょうか。皮膚は身体のなかで唯一目に見える組織であり、顔はなかでも一番外気にふれている部分です。自然にさらされているため、顔は季節の移り変わりをしっかりと刻みこんでいます。

　顔は、また身体のなかでもっとも感情豊かな部分でもあり、ほかのどこよりも大きく動くうえに、ほとんど休みません。百面相を職業にするとか、年金暮らしの幸せなおばあちゃんおじいちゃんでいるので十分というのなら、年をとってしわがでてきてもたいして気に病むことはないでしょう。けれどもあなたがごくふつうに老化を気にしているのなら、バスルームのライトをつけて鏡をのぞいたときに、年月の過ぎる速さを思い起こさせるものなど見たくはないですよね。

　あなたをあざ笑うしわは、あなた個人の悩みというより、人びとに共通のできごとになりつつあります。人口の高齢化が以前にも増して進んでいるので、顔のしわも頬や顎のたるみもあたりまえのことになってきているのです。そのせいでしわやたるみは以前より社会で認められていると考えるかもしれません。これは成熟の証、知恵と経験のシンボルとしてみなされるのではないかと。しかし、若さ崇拝が頑固に優勢を保っている世界では、しわやたるみは、機会や性的魅力、美しさが失われてしまったことを意味しています。英国の詩人ジョン・キーツ（1795〜1821）が述べている有名な一説に、美が真実であり真実こそ美だというものがあります。真実という言葉は、今日では若さに置きかえられるかもしれません。

　というわけで、年をとった肌は、名声を得る代わりに崩壊を意味しており、老人は自分たちが「シワシワ」に分類されていることに気づくことでしょう。美容業界の各社が以前よりも年上の女性を広告塔に立てるようになってはきましたが、40代でさえ自分の美しさの最高の時期はずっと前に過ぎてしまったと考えています。米国の皮膚科医たちが、将来の顧客を傷つけないように気を遣ってしわのことを皮膚科学上のコルゲーション（波）と呼びはじめたのもうなずけます。

　しかしそんな婉曲語法ではだれも納得しません。人びとは今までにないほど診療所や薬剤師や美容専門家のところを訪れ、即効性のものを探しています。形成外科医、薬剤師、化粧品会社の研究者は、もろくはかない外見に奔走する人びとにとって、今や新しいグル（導師）となっています。美容業界は「若返り」を求めて奔走しているのです。

　肌の老化を気にかけていたのはもっぱら女性であり、危険を賭ける価値があったと考えていたことは事実です。17世紀には美しい女性（醜い女性も）が硫酸の入った油で肌を取り去ろうと試みました——ときには悲惨な結果に終わることもありました。これを現代に甦らせたのがフェイシャルピーリングです。方法は科学的になり管理もしっかりされるようになりましたが、痛みや荒っぽさはたいして変わっていません。4世紀にもわたる関心の高さと実験の蓄積があり、努力もしているのに関わらず、だれもが成功するしわ伸ばし術というのはいまだ見つかっていません。

　けれどもこのような技術の進歩の速い時代にあっては、新しく編みだされた化学薬品や、最先端の技術、芸術の域に達した整形手術が肌の若返りに役立つと常に消費者は吹きこまれています。簡単ですぐに効く解決法はひとつもありませんが（これはだれでも知っていることですが）、私たちは今までにないほど多額の費用を、あらゆる種類の加齢を防ぐ手段に費やしています。

　結局、顧客を100％満足させるものはありません。それでも利益も大きく、多くの顧客をひきつけて成長している魅力的な市場（マーケット）、その対象である肌について知ることは損にはなりません。

肌について深く知る

皮膚ってなに？

　1平方センチメートルの皮膚のなかには12の皮脂腺、10本の毛、100の汗腺、1メートルの血管、2.5メートルの神経に、合計300万の細胞があります。

　皮膚は賢いものです。身体で唯一、外側にある組織なのですから、それも当然です。皮膚は、内にある組織を保護し、人体に不可欠な体液を保つ一方で、感染を防ぎ、ダメージに対してバリアを張ります。

　しかし、それがすべてではありません。皮膚は暑いときには汗をかき、寒いときには血液の供給を抑えて体温を調節します。腎臓を通れない老廃物を排出し、栄養と酸素を神経、腺、髪、爪に行き渡らせます。そして痛みのシグナルを脳に送ります。

　これをすべてやってのける皮膚は、ユニークな特徴に恵まれています。毛包は、皮脂を表面に得る役割を果たします。敏感な神経受容体があり、50％も伸びる弾力性のある組織があり、非常に生産的な再生体系があります。また人の年齢や気分、ひと月のなかのある日や、一年のなかのある季節に柔軟に反応します。

　身体の中で、他のどこよりも外気にさらされ、感情豊かな部分である顔は、もっとも精巧な皮膚をもつ部分でもあります。神経終末と皮脂腺はほかのどこよりも多く、毛細血管は一番細く、目の周囲と唇の皮膚はもっとも薄くなっている一方で、額と下顎、顎先のあたりの皮膚が一番厚くなっています。油分が多いのは、鼻、こめかみ、額で、乾いているのは頬と顎です。皆が手入れに手を焼いて、化粧品ショップの誘いに引きこまれてしまうのも無理はありません。

皮膚細胞の1カ月のサイクル

　歯科医や外科医は皮膚の内側のことをよく知っています。私たちは目に見えるほんの少しのことを知っているだけです。けれども皮膚という箇所は左の図にあるように花壇の設計図や川床のように見えるものです。大事な部分は皆、表面の下に隠れています。

　皮膚は多重層になっています。私たちはその一番上の層だけにかまい、悩んでいますが、その下にあるものこそ本当の活動をしているところなのです。

　皮膚の基礎になるのは皮下組織という堅く多孔性の層で、脂肪細胞や血管、神経繊維が含まれています。その上にあるのが真皮。表皮の下の柔らかな層で、皮膚がきちんと働くように助けています。

　約3ミリの厚さの真皮には、血管、神経終末、毛包、皮脂腺、汗腺、それに結合組織が含まれています。しかし一番大切なのは、コラーゲンがあるということでしょう。生物学的にはコラーゲンのもっとも重要な役割は膠原質ということで、組織をまとめる作用をします。しかし皮膚への作用でよく知られているのは、皮膚にハリと活力、そして若さを与えることです。コラーゲンの生産機能は年齢とともに衰えます。ですからどの化粧品会社の夢のクリームもこの真皮層をターゲットにしているのです。

　真皮と表皮のあいだにはさまれているのが胚芽層または基底層と呼ばれている部分で、皮膚細胞がつくられるところです。顔の皮膚だけで毎日何百万もの細胞がつくられています。丸々として水分をたっぷり含んだ細胞は、生成されてすぐに表面に向かって押し上げられ、そのあいだに変化します。細胞が上昇するにつれて、細胞核が消失し、ケラチンという堅いタンパク質がとってかわり、細胞を扁平にし乾燥させます。この周期は約30日です。年をとればとるほど周期は長くなります。

　細胞が表皮の一番上の角質層と呼ばれる層に届くまでに、細胞は堅くうろこ状になっていて表皮に角質の保護膜を提供するだけの状態になっています。角質層の20の層を通りぬけた細胞は、皮膚の表面で脂肪の化合物でつながっている状態にあります。そこで寿命がつきるまえに洗顔剤で破壊されるか、より自然な状態では、垢となって家具につくホコリの仲間になるわけです。

時が教えてくれること

　顔の皮膚に特別によくできた自己防御のメカニズムがあることは、はっきりしています。けれども老化を防ぐメカニズムは残念ながらついていません。そして身体のなかでもっとも外気にふれる部分は顔なので、真っ先に老化するのも顔なのです。冷たい風に、熱い太陽光線にさらされるたび記録が残ります。排気ガスにふれるたび、ワインを1本あけるたびにその影響が強化されます。

　これらは皆、外側からの老化です。そしてその一部は自分でコントロールできます（参照→P.110）。一方、内側からの老化には、もっとも清潔な環境で生活し、人込みにでることがほとんどない人でもほとんど抵抗できません。というのもこれはおもに遺伝子の問題だからです。外側からの影響と内側からの影響のコンビネーションで、あなたにいつ老化の兆しがあらわれるかが決まります。それがいつあらわれるかは人によって違います。けれどもここではすべて公平と考えて、年齢別になにがおこるか見てみましょう。

10代

　ほとんどの子供は完璧な肌の持ち主で闇の中でも輝いてみえるほどです。思春期になると肌に大きな変化が起こります。油分が増え、毛穴をふさぐ傾向があります。しかしニキビをのぞけば、この変化はむしろいいものです。油分が肌が乾くのを防ぎ、肌を柔らかくしなやかに保つからです。この間、皮膚細胞は記録的なスピードで再生産されており、基底層から表面まで約28日間で到達します。

　青春期になるとニキビの一方でいいこともあります。10代の結合組織に含まれるコラーゲンとエラスチンはしっかりとつながり絡まっていますので、肌にハリとしなやかさを与えます。既に肌の下の組織に、太陽光線にさらされたダメージを受けているかもしれませんが、表面にはあらわれません。

20代

　表情によるしわが出てきはじめます。特に眉間、目尻、それに額のあたりが出てきやすい箇所です。細胞の入れ替わりが徐々に少なくなり、このあと25年から30年かけてその率が半分になります。角質層が厚くなりはじめ、柔軟性がなくなってきます。結合組織からハリが失われはじめます。特に休暇を太陽の下で過ごしている人たちは要注意です。それでも顔の肌はまだイキイキとしてみずみずしく、弾力があります。

30代

　表皮に目でそれとわかる疲れとほころびのしるしが見え始めます。太陽光線や汚染物質やストレス、完璧とはいえない栄養が蓄積された結果、肌の状態にむらができたり、くすみ、水分のアンバランスなどが見られるようになります。角質層が厚くなるのも、細胞の入れ替わりが少なくなるのもはっきりわかるようになります。同じ表情を繰り返すと皮下組織の脂肪が溝に入りこみ、弾力を奪って、そのまま残ります。しわは永続する特徴となり、重力の蓄積の結果が見えはじめます。ほとんどの人がこうした老化のしるしを根こそぎにしてくれる万能薬を求めて化粧品コーナーのカウンターを詳細に調べはじめるときです。

40代

　基底層から表皮に向かう細胞の旅は40日かかるようになります。色素沈着があちこちで起こるため若い頃のむらのない肌は消え、シミとなって残る人もいます。基底層が徐々に薄くなり、皮膚細胞が水分を保つのが難しくなる一方で、角質層はますます厚くなります。青春期にピークを迎えた皮脂の生産が、今や減少しはじめます。細胞の入れ替わりが少なくなるだけでなく、肌の表面に、より多くの死んだ細胞が付着するようになります。血管の網目が表面にあらわれはじめる人もいます。特に敏感肌の人によく見られるようです。表情によるしわは深くなり、しわの持ち主の感情的な歴史が間違いなくうかがえるようになります。

50代

　女性にとっては、青春期以来最大の変化が訪れます。更年期は普通50代前半で起こりますが、エストロゲンの生産が急激に減少し、それと同時に皮脂も失われます。このため水分が蒸発しやすくなり、乾燥肌、ときにはカサカサの肌へとつながってしまいます。

　表皮はますます萎縮して10代の頃にくらべると20％も薄くなっています。脂肪細胞の供給にもむらが生じ、皮膚の表面下の組織に不均衡な数の脂肪が分散することによって頬や顎にたるみが出てきます。太陽光線にさらされてきた蓄積の結果は、黒っぽい良性のシミとなってあらわれることがあり日光角化症と呼ばれています。

既成の解決法

絹のような肌をもった人たちは他の人たちより幸運です。けれどもそんな人たちも最終的には外からの助けを求めるようになります。40歳までに平均的な女性は毎日5種類のクリームを顔に塗っています。種類と各々を使う量は年齢と共に増えていきます。これは危機管理のパターンと同じです。

化粧品会社はどの市場が成長しているかわかっていて、年をとった女性の数が増えるのに合わせてこの危機に応えるべくアンチエイジング用のローションや内服液を市場に過剰に投入しています。英国では、この部門は現在、顔のスキンケア用商品の売り上げ5位になっていて、ほかのどの部門よりも大幅な伸びを見せています。しかしこういうクリームに効果があるのでしょうか？ 多くは長期間にわたる研究と、公表されている研究所の試験の結果です。しかし希望が誇大広告を煽っているのは否定できません。

化粧品会社はあの手この手で疑い深い消費者を説得しようとします。この最新のクリームを定期的に使えば、使った期間だけ年月を吹き飛ばしてくれます、と。もっともよく使われる手段のひとつは、若々しい外見と関係あるとされているビタミンE、コラーゲン、エラスチン、レチノールなどの原料を使うことです。もっとも知識のある消費者でさえレチノール（ビタミンA）をレチノイン酸と混同しています。しかし後者（強力な処方薬）が確かにしわを消すのに対して、ただのレチノールにはそんな効果はありません。同じように、コラーゲン注射はしわを伸ばしますし、若い肌にエラスチンがたくさん含まれてもいますが、クリームに含まれるコラーゲンやエラスチンでは、単純に言って真皮に吸収されることは不可能です。さらにビタミンEにいたっては添加されていること自体皮肉といってもいいでしょう。接触皮膚炎を起こすかもしれないからです。

新しい原料のすべてがはったりというわけではありません。例えばリポソームは、化粧品会社が言うとおり、皮膚に水分を運びそこに閉じ込めます。けれどもこういった合成原料が皮膚と接触して吸収されたら——50％以上が吸収されるという推定もあります——常に血管に入りこみ肝臓にまで達する危険がつきまといます。化粧品会社は皮膚に対するアレルギー反応については十分なテストをしているかもしれません。しかし本当に影響があるのは、もっとずっと深いところかもしれないのです。

各原料について使用を許可されているのは少量ですが、ひとつの商品に何種類の化学物質を使うかについての制限はありません。ある推定によると平均的使用者の血管には化粧品に含まれる化学物質が毎年2キロ入りこんでいるそうです。さらに個々の成分の効果についてはテストされているものの、これらの化学物質を混ぜ合わせたときの「カクテル効果」についてはほとんど考慮されていません。

しかし、その影響は隠され、どんな場合でも原因を証明するのは不可能です。一方、顔用の商品を使って、肌に有害な反応が出たときにはそうはいきません。商品が多様になり、その目的や効果がさまざまになるにつれて、そうした反応に対する苦情も増えています。ある調査では調査対象の女性の80％が自分は敏感肌だと答えています。

最近消費者組合が行ったアンチエイジング・クリームのテストでは、48名の被験者の3分の1以上が肌に有害な反応（ほてり、かゆみ、かさつき、乾燥など）があったと報告しています。それでも肌の手入れは、化粧品メーカーの製品に限ると信じられていますし、使っている化粧品に有害な反応が出たとき、それを解消するために、人びとが普通にとる方法は別のクリームを買うことなのです。

逆説的ですが、自然が最良の方法を知っていると信じている人たちも、一方で確実に増えています。オーガニックフードや、化学物質をあまり使っていない洗剤の売り上げ増と並行して、「ナチュラル」スキンケア製品も増加しています。最近のマーケティングでよく使われる言葉のひとつ、「ナチュラル」はあちこちで濫用されている言葉でもあります。化粧品コーナーのカウンターはその最たるものでしょう。

化粧品会社は、商品にたった1％のエッセンシャルオイルが含まれているだけで、ほかに合成の香料が使われていたとしても「ナチュラル」フレグランス使用と合法的にうたうことができます。またクリームに小麦麦芽だのアボガドだの月見草だのが含まれていると強調することもできます。例えこれらが遺伝子組み換えによるものだとしてもです。より道徳的な（そして本当の意味でのナチュラルな）スキンケア商品製造業者たちは、その効果が未知であるために遺伝子組み換え作物を排除しています。またエラスチンのことをナチュラルな素材ということもありますが、それらが動物の組織から取られていて化学的に保存されていた可能性も高いのです。コラーゲンの生産に不可欠なビタミンCを含有していると宣伝することもありますが、クリームに含まれるビタミンCは真皮にあるコラーゲンにふれることすらないのです。

こうしたあらゆる魔法の原料はあるものの、実際にスキンクリームに一番よく含まれている成分とはなんでしょうか。答えは水。水より自然な原料を手に入れることはできません。けれども水はカビやバクテリアの繁殖の際に完璧な媒介となるので、保存料を加えることが必要になります。そして保存料は必ず合成物です。化学物質の使用は、また別の連鎖反応を生み、不快なにおいを隠すために香料が必要になります。そして香料は、600種類以上の化学物質から作られている可能性があり、フェイスクリームに含まれるほかのどんな原料よりも肌に有害な反応を引き起こす原因となっています。

もちろん、製品に使われる量を減らせば人工的な化学物質の二次的影響を減らすことができます。これはフルーツ酸に言えることで、ローマ時代に発酵したブトウの皮の残りを肌に貼っていたときからずっと使われてきたものです。現在、病院で使われている加工した製品はずっと強力です（参照→P.19の表）。希釈した薬品で買える製品でも多くの消費者の苦情の標的になっていて、それが表沙汰になったとき、製造会社はクリームに含まれる果実の酸の量を、どうにか効果があるという2〜5％に減らさざるを得ませんでした。

これらのクリームに並ぶ「アンチエイジング」化粧品の効果が、よく言ってまあなんとか効果あり、悪く言えばはなはだ疑問であるにも関わらず、その価格は天文学的です。ひとつの容器が8000円以上することもあります。何万円という値札をつけているものもあります。

手をかけているという実感が年月を忘れさせるというのなら支払う価値もあることでしょう。しかし、これから述べるふたつのことを心に留めてからおこなってください。まず、製品価格のうち「有効成分」にかかる費用は約5％に過ぎません（残りの多くはかわいらしいパッケージとうっとりさせてくれる広告の費用です）。次にどんな化粧品も一時的な効果しかもたらしません。

顔について知っておきたいこと

「化学製品」対「整形手術」

　1997年以降、英国では、化粧品会社は法的に製品の原料を記載する義務を負うことになりました。しかしこれらを理解するにはラテン語と薬学の知識が必要になりそうです。というのも化粧品会社は格調高いラテン語を「ヨーロッパ語」として使っているからです。これはナチュラルな原料と合成された原料の区別をぼやかすだけでなく、含まれる化学物質の出所や効果についてもなにも表示していないようなものです。

　長いリストや名前には注意しましょう。ある著名な皮膚科医は、製品に含まれている有効成分が4つ以上あるときは、効能書きどおりにはならないと警告しています。原料の名前を発音できないときは、副作用があるかもしれないと疑うようにという皮膚科医もいます。

　ヨーロッパでは3000以上の化学物質に対して化粧品に使う許可を与えています。多くは鎮静作用のあるものですが、違うものもあります。以下のものには気をつけましょう。

◎**プロピレングリコール**：透明の液体で肌にうるおいを与える目的で使われますが、よく肌にアレルギーを引き起こします。
◎**ラウリル硫酸ナトリウム**：洗顔剤、乳化剤、保湿剤ですが、肌のタンパク質に食いこんで肌を乾燥させたり、肌荒れの原因となったりします。
◎**ジエタノールアミン（DEA）とトリエタノールアミン（TEA）**：ニトロソアミンをつくる可能性のある保湿剤で、ニトロソアミンは発癌の恐れがあるものです。またホルムアルデヒドはアレルギーの原因となる可能性が高いだけでなく、動物実験では遺伝子に変化を起こしており日本とスウェーデンでは禁止されています。ほかの化学物質、例えば2-ブロモ-2-ニトロプロパン-1, 3-ジオール（一般にブロノポルと呼ばれています）も同様の効果を生む可能性があります。
◎**パラベン**：化粧品の3分の1に使われている防腐剤で、発癌物質の疑いがあります。パラベンは自然界にも存在しますが、ほとんどの化粧品会社は、ブチルパラベン、エチルパラベン、メチルパラベンまたはプロピルパラベンという合成したものを使っています。
◎**パラオキシ安息香酸塩**：防腐剤、防カビ剤でアレルギー反応を引き起こし、米国では禁止するよう提案されています。
◎**イミダゾリル尿素（ヒダントインともいう）**：合成潤滑剤として使われます。木精から作られますが、木精には吐き気を起こす作用があり、また動物において発癌性が認められています。ホルムアルデヒドを発生させる可能性もあります。
◎**ステアリン酸**：スキンクリームに含まれる蝋のような脂肪酸ですが、よく過敏反応を引き起こします。
◎**ラノリン**：羊毛からつくられますが、発癌性のある農薬を含んでいる可能性があり、ラノリンが脂溶性のため血管に流れ込むことも考えられます。
◎**ホウ酸**：スキンフレッシュナーに使われる殺菌剤、防カビ剤ですが、有害な反応を引き起こすことがあります。ホウ酸の入ったタルカムパウダーは3歳以下の子供には使わないように警告されています。
◎**ベンジルアルコール**：クリームによく使われる防腐剤ですが、よく過敏症の原因になります。
◎**ブチルヒドロキシアニソール（Bha）およびブチルヒドロキシトルエン（Bht）**：酸化防止剤としてよく使われますが、定期的に使っているとあとで過敏症になることがあります。
◎**トコフェロールおよびトコフェロールアセテート**：よく使われる酸化防止剤ですが、接触皮膚炎の原因になることがあります。
◎**青色1号および緑色3号**：人工着色料で、どちらも発癌性物質です。

日本における原料表示について
現在は、身体にマイナスの影響があると考えられている102の指定成分リストがあり、その成分を使うときには表示を義務づけられています。したがってすべての成分を表示する必要はありません。これを欧米並に変更しようということで審議が進んでいます。実施予定は2001年3月31日で、これより以降は、企業秘密と認められた場合をのぞいてすべての原料について表示することになります。ただし在庫管理等の関係で実施日以降2年間を猶予期間とする予定です。

美容整形手術という方法

　最近の化粧品コーナーにおける新しいクリームの大攻勢も、美容整形手術に向かう人の波をせきとめることはできません。たぶんクリームはその効能書ほど効かないのでしょう。それとも人びとがすぐにあらわれる効果を望んでいるのかもしれません。新しい技術の誘惑に抵抗できないのかも。いや、もっとすごい長続きする効果を追いかけているだけなのかもしれません。決定的な応急処置というより、長期にわたる集中的なケアのような。

　理由はともかく、人びとは、顔についた年月を焼き払ったり、剥いたり、年月にヤスリをかけるために不愉快で孤独な数日、あるいは数週間を過ごすこともいとわなくなってきています。若さを得るのに代償を払う方法はひとつではありませんが、より多くの人びとが支払う覚悟を持ち始めています。

　レーザートリートメントから皮膚剥離に至るまでの新技術のおかげで欲求に拍車がかかっています。しかしながら、ほとんどは時間の試験には合格していないため、1、2年のうちに再度施術してもらう必要があります。再び手術室へ行かなければならないのです。

　記録的な数の人びと（全員ではありませんが、おもに女性）が自分の外見を美容整形手術にゆだねています。ある推定では英国内で毎年6万5000人が医師のメスにかかっているということですが、実際の数字はそれよりも確実に多いのです。なぜならこういう手術の多くは無認可の医療機関で行われているからです。1999年に行われたある調査では、40歳未満の女性の4人に1人が美容整形手術のことを考えたことがあるといいます。手術台に至るまえに、これから起ころうとしているむごたらしい方法の説明をコンサルタントから聞いて、手術を延期した人も相当いるはずです（参照→P.18の表）。

　あなたがこういう人よりもたくましい精神力の持ち主で、まだこうした手術のことを考えているとしても、まずは46ページを見てください。美容整形手術よりも顔のエクササイズをする方が、状態はめざましく改善しますし、結果も長続きします。

方法	なにが起こるか	長所	短所
フェイスリフト	皮膚を切って伸ばし、顔に戻して余分な部分を切り落とす。同時に筋肉も伸ばしてピンと張らせる。特定の筋肉の一部は今後のしわやたるみを予防するために一緒に除去する。	顔の形を改善して表面のしわを取り除く。アザや傷は一度薄くなると、その効果はすぐに目に見え、6～10年間続く。顔の一部が特に影響を受けているときは小さい箇所の手術も可能。一番典型的なのは眉や目の辺りのしわ伸ばし。	手術が繰り返されると顔の可動性が減少し、表情が乏しくなる。神経に損害を与える小さなリスクがあり、その場合治らないことも。皮膚を伸ばすときにピンと張った状態に伸ばされるとマスクをつけているような結果になることがある。皮膚の表面積が減少するので、必要な栄養や酸素の循環にマイナスの影響を与えることがある。
レーザートリートメント	ハイパワーのエネルギービームで表皮と真皮の一部を除去する。	個々のしわに対して非常に近くに寄って狙いを定めることができ、除去の深さも拡大機器を使って正確にコントロールできる。目尻のしわや上唇のしわなど細かなしわにも効果あり。	皮膚にひどい痛みがあり、腫れ、最高10日間くらいかさぶたに覆われる。普通の顔色に戻るまで3～6カ月間ピンク色の肌になる。むらのある色素沈着のリスクがあり、定期的に太陽光線にさらされていた肌に特にその傾向がみられる。眉間や口角などの深いしわにはあまり効果がない。化粧品に対する敏感度が高まることがある。上手な医師の手にかからないと手術跡が目に見えることもある。
皮膚剥離	回転するワイヤーブラシやダイアモンドの回転盤を使って表皮と真皮の表面を除去し、細かいしわと普通のしわを除去する。剥離後の皮膚が回復すると新しいコラーゲンとエラスチンを含んで厚くなる。	上唇の深いしわにも有効	レーザートリートメントと同じ短所がある。更に皮膚剥離の場合は出血が多く、新しい肌も数カ月しか持たない。
ケミカルピーリング	剥離効果のある酸のペーストを塗り、塗った肌から表皮を除去する。新しい皮膚が回復すると皮膚剥離と同様の効果がある。	しわの深さによって違うペーストをいろいろな深さに効果があるように施術できる。一番軽く、最も人気のあるアルファハイドロキシー（果実）の酸によるピーリングは、非常に早く痛みも少ないが結果もそう劇的ではない。フェノールピーリングはより効果があるが色素形成に影響を与えることがある。	ペーストは24時間に約3回塗らなければならない。ペーストを剥すときは、かなり痛い。軽いピーリングのあとでは最高1カ月、重いものでは数カ月間、肌が赤くなったり、かさついたり、腫れたりする。表面の色素形成細胞を破壊するので、太陽光線にさらされると色素沈着の問題を引き起こすことがある。首にはあまり効果がない。
コラーゲン注入	動物性コラーゲンをしわに注射する。しわはすぐに埋まり、身体に備わっている自然のコラーゲンの生産機能もその後数カ月刺激される。	傷ができないし、効果もすぐにあらわれるが、手術後数時間赤い斑点が目に見えることがある。	効果は最高でも数カ月しか持続しない。一回につき最高3回の注射を必要とすることがある。アレルギー反応が出る可能性あり。手術後約4時間は顔の筋肉を動かさないようにすること。
脂肪注入	局部麻酔をかけ胃または大腿部から脂肪を除去する。血液と余分な体液を取り除いたあと、脂肪細胞を注入する。新しい脂肪の周辺でコラーゲンが成長する。	深いしわに効果がある。アレルギー反応のリスクがない。	注入には大量の脂肪細胞が必要。数週間から数カ月間顔が赤くなったりこぶができたりする。シリコン注入やコラーゲン注入より高価であるにも関わらず多くの脂肪は消えてしまう。
シリコン注入	シリコンをしわの奥深くに注射する。身体はシリコンを囲むようにしてコラーゲンをつくりだし、しわを埋める。	シリコンが組織にあるかぎり効果が持続する。額と口のたるみに効果がある。	シリコンが身体のほかの部分へ移動するリスクがあり、多くの医師はもうこの手術を勧めないし、米国では禁止されている。
ボトックス（冬眠療法）	ボツリヌス中毒の毒素を筋肉に注射して麻痺させしわがこれ以上深くならないようにする。最もよく使われるのはしかめ面をするときの筋肉。	額のしわに非常に効果がある	顔の表情が乏しくなる。3～4カ月しか続かない。

替わりになるのはなに？

　しわを伸ばす、たるみを元に戻す、深いしわを埋めるといった手術や商品は、非常に魅力的です。私たちの虚栄心や怠惰な心に直に響きます。しかしそれらはメイクアップ化粧品と一緒で、短期間隠してくれるだけ。老化という無情で間断のないプロセスの一時的で表面的な解決にしかなりません。古い木製のテーブルを持っていて、本来の魅力が薄れてしまったら、紙ヤスリをかけてニスを塗り、それから定期的にホコリを払って磨いてやればいいでしょう。しかし、もしもテーブルの脚にできた髪の毛ほどのヒビを見過ごしてしまったら、最後には修復できないほど状態が悪くなってしまうことでしょう。

　ヒビに早く気づいたら、対処することができます。ヒビを埋める、ベニヤで覆う、脚の形を変えてもいいでしょう。同様に、しわはコラーゲンで埋める、ピーリングのあとの新しい皮膚で顔を覆う、一部あるいは全面的にフェイスリフトをして、しわをしてしわを伸ばすということもできます。最もよく使われる美容整形手術の長所短所については反対ページの表で述べました。

　けれども最初にその下にある組織を手入れして、ヒビやしわがあらわれるのを防いで、自然な基盤を守れればどんなにいいでしょう。顔にとって、これはふたつの重要なことを意味します。筋肉の状態を良好にかつ強く保つこと、そして筋肉の周囲の結合組織を緊張させず、しなやかにしておくことです。

　驚くほど多彩な機械がどちらにも役に立つと宣伝して市場に投入されています。家庭用のぶるぶる振動するゴーグルから、専門のエステティシャンが使う低周波の電動探針まであらゆる形態を取っています。けれども、自分で学んで毎日家庭で手入れをすれば、それと同じくらいよく、もっと長持ちする効果を得られるのです。あなたに必要なのは両手とオイルを少々、鏡、それに時間を割こうという気持ちだけです。

　あなたがするのは顔のマッサージとエクササイズだけ、それであなたの外見は他のどの方法よりも長く美しく保てます。けれどもそれに加えて身体の内側を大掃除して肌にごちそうを与えるような食生活をすれば、あなたの肌の状態は素晴らしくなることでしょう。その状態を保つために外と内にしっかり水をやりましょう。

　それは1日10分とかかりませんし、あなたから多くの年月を取り去ることができます。それに、時の流れを隠すと約束しているわけのわからないシワ予防クリームだの引き締めジェルだのを化粧品コーナーでさがす時間を節約できます。

　肌を隠す基礎クリームを買う代わりに、きちんとコンディションを整えた筋肉を使って自然の基礎をつくりあげましょう。究極の目もとのシワ取りクリームを探す代わりに、目のエクササイズで目立たなくしましょう。新しい頬紅用ブラシを買う代わりに血行をよくしてバラ色の頬を手に入れましょう。ハイテクのモイスチャライザーにお金を払う代わりに、水道の蛇口をひねりましょう。そしてしわを隠すよりも優しいマッサージでしなやかな肌にしましょう。

　いつだってその時間をほかの有効なことに使うことはできます。芝を刈る、家具のホコリを払う、食事を作る。けれどもこれらの効果は長続きしません。5分間をエクササイズに、4分間をマッサージにそして1分間をしわのためにつかえば、その結果は来年になっても鏡のなかからあなたに微笑みかけるでしょう。

　このプログラムに従っても、手をかけてもらっているという贅沢な気分にはなれないし、バスルームの棚を明るくするような派手な容器も手に入りません。けれども年齢を偽れる、人もうらやむような肌の状態になるかもしれません。「あらゆる美しさは色褪せ、醜いものだけが生き残る――肌は例外だけれども」詩人で著述家のイーディス・シットウェルはそう書いています。あなたには彼女が正しいことを証明するチャンスがあります。

親しみのある顔

親しみのある顔

経絡と魔法

　ドアに指を挟んだとき、痛い！と叫んだあとで最初にあなたがするのは指をしっかりとつかむことでしょう。転んだ子供を抱きあげたら、まず打った肘や膝をさすってやりますね。また猫が膝のうえで丸くなっていたら猫アレルギーでもない限りなでてやることでしょう。

　触るということは、原始的な本能で、その動作が与える確固とした物理的な恩恵に由来するものです。身体の一部を押したりぎゅっと握り締めると、その箇所の血行がよくなります。誰かを思いやりを持って抱きしめれば相手はリラックスします。

　それでも私たちが自分の顔にさわることは滅多にありません。自分でも半分無意識のうちにニキビをいじっていたり、心配ごとがあるときに額に手をあてることはあるかもしれません。しかし滋養を与えるようなつもりで自分の顔にさわることはほとんどないでしょう。むしろ、私たちは顔を飾り物のように取り扱っていて、そのうえでいろいろな飾りの儀式や保護の儀式を行っているのではないでしょうか。ですから、私たちは見かけの点では顔ととても親密です。ときには親しすぎるくらいに。けれども、もし顔の正確な複製をつくることが可能だとして、それに触ってだれの顔か判断しなさいと言われたら、自分の顔がわかる人はほとんどいないでしょう。

　これは悲しいことです。というのは、身体のほかの部分と同じように、顔もさわればよく反応するからです。実際のところその効果は、ほかの部分より大きいくらいです。顔は、小さく敏感な筋肉が集中していて、神経終末が非常に多くあるところなのですから。向こう脛になにかが当たるのを感じても、向かいに座っている人のつま先が間違って当たったのか、テーブルの脚が当たったのかはよくわからないかもしれません。けれども顔になにかが当たれば、すぐにその力の度合いもなにが当たったかもわかります。ですからもしも優しくさわられたならば、顔もいい方向に反応します。

　顔と同様に、指先も例外的に神経終末が集中していて感覚が鋭くなっています。多くのマッサージ師は、手には身体の磁気を伝える特別な力があると信じています。古くからある東洋医学では治癒力と呼んでいる力のことです。そんなわけで両手と顔は完璧な治療チームを組むことになるのです。

　伝統的な中国の医学は、それよりさらに進んでいます。東洋医学では、身体は経絡と呼ばれるエネルギーのネットワークの道筋を持っているとみなされています。経絡に沿ってある重要なポイントは、エネルギーを解放する鍵となるポイントです。身体の上へ下へと多くの経絡が流れ、多くは手足の先か頭部で終わります。どちらも肉体的刺激の重要なポイントです。

　顔にとって解放する意味を持つさわり方にはいろいろあります。けれども、老化する肌があなたにとって一番気になることでしたら、さわることによって結合組織に効果があるというのが一番興味のあることでしょう。

　結合組織は真皮と筋肉の層に存在します（参照→P.10の図）。身体のほかの部分の結合組織より弾力繊維が多いので、顔の肌は柔軟でよく伸びます。しかし、緊張したり、ある程度の年齢になると、しなやかさが失われはじめます。結合繊維の間の空間がゼラチン状の「基質」で埋められます。さらに時間がたつとこの物質を形づくる分子の鎖が絡まって、短くつながっていたときよりも柔軟度が下がり、ゼラチン物質も堅く硬直してきます。

　これが筋肉にドミノ効果を持ち、筋肉は以前より動かなくなります。筋肉の可動性が落ちると4つのマイナス効果があります。

- ●第1に、筋肉が伸びなくなり弛緩しにくくなります。
- ●第2に、エクササイズの可能性を制限します。これが緊張が問題になる場合（現代でこれを避けられる人がいるでしょうか？）に顔のエクササイズのまえに顔のマッサージをおこなう理由です。
- ●第3に、筋肉がこわばってくると習慣になっている表情が顔の構造の一部として固定してきます。現代の生活はストレスや緊張のせいでこうした表情になりがちで、組織を下方に引っ張り、顔に年をとらせます。
- ●第4に、結合組織のこわばりが最も小さな筋肉、例えば目や唇の動きに一番影響を与えます。目や唇の周辺はもっとも皮膚が薄く、皮脂腺がもっとも少ないところなので、しかめ面をしようが表情を抑えようが、しわが一番早くできます。

　結合組織をほぐすと、軽いマッサージでも筋肉がエクササイズをしてリラックスできる空間をつくりだすことができます（参照→P.120の『指先で行うフェイスリフト』）。

表情を変える

顔の中で緊張している部分は人によって違います。一般的なのは顎、額、それに目です。ときにははっきりと顔に記されていて、パッと見ただけでわかります。典型的な例はいつも引っ込めた顎、逆に、突き出た顎、つりあがった眉、しかめた眉、悪い目つき、半分閉じた目などです。年をとった人たちに一番よくきかれる不満が、たるんだ頬、二重顎、眉間のしわ、額のしわ、それに垂れ下がった瞼と目尻のしわ、というのも驚くにはあたりません。

けれども、どんな人の顔の特徴にも緊張は蓄積されるものです。性格や、生まれながらのくせ、職業ですらその原因になります。この緊張が同じ箇所に長年にわたって繰り返されるので、肌には、あなたの態度、歴史、そして年齢を反映したしわがはっきりと描かれます。どこに心配の種を埋めたか早く気づけば気づくほど、肌への影響を小さく抑えることができます。

緊張とストレスを避けるのはむずかしいことです。眉をひそめることがほとんどない人は、例外的に幸運な人か精神安定剤を服用している人でしょう。けれども優しく押してやると筋肉がほぐれて、方向転換の余地が生まれるので、緊張のあと素早く元に戻れるようになります。それで、しわやたるみが肌に刻み込まれる機会も少なくなるというわけです。

顔に残っている緊張の一部を消し去るとすぐに、顔色が輝き、表情も明るくなります。物理的・心理的治療の効果が、蓄積されていくものであるように、セルフトリートメントを繰り返すことによって年月をほんの少し押し戻すことができるのです。

自分の顔の緊張に気づく

毎日の生活のなかで緊張の原因を消してしまうことはできませんが、そのことに気づくようにはなれます。私たちのほとんどは無意識のうちに眉をひそめたり、歯を食いしばったり、唇を噛みしめたりしています。こうした表情が肌にしっかりと刻まれてしまう理由のひとつは、毎日気づかないうちに何度も同じ表情をしているからです。

自分の顔の状態にもっと注意を払うようになると、筋肉が緊張する回数を減らすことができ、肌へのダメージも抑えることができます。

心理学的にいいこともあります。多くの代替医学（東洋医学など）の医師たちは、身体を使う方法と感情との間には親密で互恵的な関係があることを認めています。少し無理をしてもしかめ面の代わりに微笑めば、エンドルフィンやセロトニンなど気分を高める脳内物質の放出に影響します。山のように仕事を抱え、締め切りまでに終わらせるのが不可能なように見えるときに微笑むのは簡単なことではありませんが、しかめ面をほぐすだけでもましです。

ごく自然にすることにさからうような行動をとるときには、意識的に思い出せるようなちょっとしたテクニックが助けになります。次のどれかを試してみてください。

●顔が緊張していると感じるときには、自分の不安や怒りをどうしたら解決できるか考えてみます。行動に起こす価値があると思うなら、行動にうつして不安や怒りを除去します。その価値がないときは深呼吸をして、自分の呼吸に意識を集中します。あなたのやるべきリストに載っている次のプラス志向の事柄に心をうつしてしまいましょう。
●ほかの人たちをじっと見て、無意識の顔のゆがみを心にとめておきましょう。店のまえの行列に並んでいるときや、バスに乗ろうと急いでいるとき、重たい箱を運んでいるときなどには、ほとんどの人はマイナスの表情をしているでしょう。ほかの人の真剣な表情を観察すると自分の表情にも敏感になるでしょう。
●なにをやってもうまくいかないときは、眉間にテープを貼ります。しかめ面をしようとするとテープにしわが寄ったり、くしゃくしゃになったり、はがれてしまったりするので、自分でそれに気づくというわけです。

行動にうつす

朝起きたら、思いきってまず鏡をのぞいてみましょう。なにが見えますか？　たぶんいつもより顔色が悪く、むくんで、しわの目立つ顔ではないでしょうか。しわのいくつかは枕のせいにできるかもしれませんが、顔色の悪さは枕やシーツのせいにはできません。これは、夜間に血行が遅くなる結果なのです。

身体は、深い休息状態にあるときには、身体をめぐる血液やリンパ液のポンプシステムにブレーキをかけます。心拍がゆっくりになり、血圧が下がり、リンパ液の流れも水の滴りと同じくらいになります。

血液の循環にくらべるとほとんど注目されていませんが、リンパ液の流れは健康にとても重要で、肌の状態に大きな影響を与えています。血管が栄養と酸素を身体のすみずみに供給しているのに対して、リンパ管は老廃物を運び去ります。一種の内部洗浄体系の役割を果たして、組織から毒素を排泄するのです。

夜になると排泄システムが遅くなり、老廃物がたまります。朝になって気づく顔のあたりのむくみ、特に目のまわりのむくみは、老廃物がたまったというもっとも目立つしるしのひとつです。同じように顔色が少し悪いのは、夜の間、血行が遅くなっていたためです。

しかしこうした循環を遅くするのは眠りだけではありません。昼間も運動不足や、栄養不良、浅い呼吸に大気汚染にさらされすぎている——どれも現代生活で危険なことです——といった原因でリンパ液の排泄システムや血液の流れを遅らせます。

マッサージはこのどちらにもエンジンをかけます。バラ色の頬は血行がよくなったはっきりとしたしるしです。リンパ液の活動が活発になったのはそれほど目立ちませんが、顔色がよくなったことでリンパも刺激されたと考えることができます。というのもリンパ液は肌の表面に近いところを走っているからです（参照→P.76〜77）。長い目で見るとリンパ液の体系は活発な免疫系や明るい肌色でわかります。身体のリンパ節の半分は首にあるので、そこの障害物を取り去れば顔の肌にもすぐに効果があります。

優しくさわる

顔の筋肉はとびきりデリケートです。これは額を横切るような形で存在する前頭筋（参照→P.53）をのぞいた顔の筋肉は、片方の端だけが骨につなぎ止められているからです。反対の端は結合組織や筋肉につながっています。例えば、目を細めるときに収縮する目の下の筋肉は、上方で骨につながっていますが下方は皮膚組織に達しています。

対照的に、身体のほかの部分では筋肉は両端がつなぎ止められていて、活発に動けるようにしっかりした基盤ができています。ふくらはぎや前腕の筋肉はピンと張ることができますが、顔の筋肉はできません。このたわみやすく可動性の高い筋肉のおかげで、顔は非常に幅の広い表情をつくることができるのです。しかし、同じ特性のために強い力で引っ張りすぎたり、何度も引っ張ったりすると、顔の筋肉は伸びやすくなっています。マッサージはびっくりするほど効果があります。しかし、もしも強くやりすぎたり、頻度が多すぎると筋肉が伸びるのを助けることになってしまいます。

これは若い筋肉ならば問題になりません。新しいゴムバンドのように強くしなやかなので、伸ばされても、勢いよくもとの形に戻ります。しかし、顔の筋肉の弾力性は、個人差はあるものの、時がたてば必ず劣化します。速度はさまざまですが、顔の筋肉は必ず、オフィスの引き出しの底に眠っている乾いてヒビの入ったゴムバンドのようになってしまうのです。

そんなゴムバンドは、ギリギリまで伸ばされると元のピンと張った形に戻れないだけでなく、プツッと切れてしまうかもしれません。同じように、年齢とともに結合組織のなかの伸びやすい繊維と筋肉も弾力性が弱くなります。伸びるようにつくられてはいますが、伸びすぎたときには最後には裂けてしまうこともあります。痛みはひどくありませんが、二度と元には戻りません。断裂した繊維と組み合わされている繊維が代わりの役目を果たすので、動きの点ではほとんど損失はありません。けれども顔色は目に見えて悪くなります。表面下の組織におきるこうした小さな断裂は表面にしわになってあらわれるのです。

ですから大人の顔の肌のケアをするときには、年月のたった筋肉とそのまわりの組織が比較的もろいことを心にとめておくことが大切です。頭皮はまた別で、なにも傷つけることなくかなり激しくマッサージすることができ、それは顔のためにもなります。（参照→P.123）。

敏感肌は、典型的な場合には色白で乾燥肌ですが、やはり気をつけてマッサージをしなければなりません。「破裂した血管」（本当に破裂したわけではなく、ただ表面に近づいたので目に見えやすくなっただけです）を引き起こすような肌のダメージを受けやすいからです。また敏感肌のマッサージにヘビーオイルを使うと、健康な毛穴に入りこんで塞いでしまい、毛穴が開いたままになってしまうことがあります。

マッサージするときに軽くさわると、ほかにもいいことがあります。副交感神経系を刺激するのです。副交感神経系は身体を休めることに関係する機能のきっかけをつくる系統です。例えばゆっくりとした呼吸、低い血圧、規則正しい心拍、アドレナリン循環の抑制、エンドルフィンの生成などをつかさどっています。

ですから緊張した顔の筋肉に対する直接の影響だけでなく、デリケートなマッサージには身体全体にもすぐに効く心理的な効果があるのです。マッサージを受けている人がぼんやりしたり、ときには眠ってしまうのも珍しくはありません。

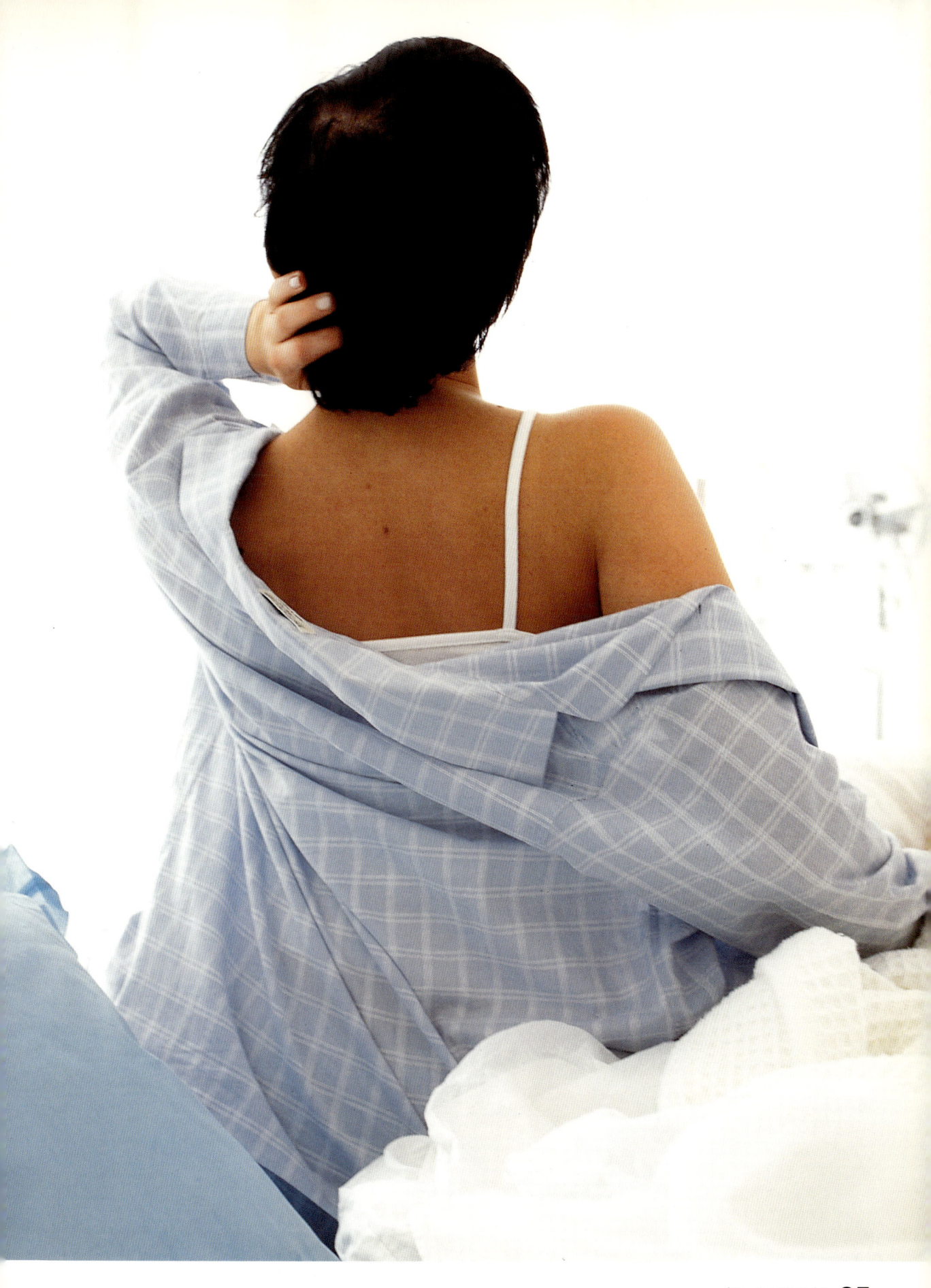

マッサージのための環境

マッサージは身体と心の緊張に対して働き、どちらも同時にほぐす効果があります。精神的にも物理的にもリラックスできるような環境を整えれば、この効果を最大限にできます。

窓に分厚い布地のカーテンをかけろとか、部屋中に香を焚きしめろとか、インドの音楽を聴け、といっているわけではありません。こういった使い古されたムードメーカーがきく人もいますが、これらが特別なものというわけではないのです。副交感神経の働きを喚起する方法で、心と身体がくつろぐというだけのことです。

重要なことは、刺激的というより落ちついた環境でマッサージをすることです。環境に影響を与えるおもなものは4つあります。

◎採光：人びとが夜のほうが眠りやすい理由のひとつは、暗闇には、軽い鎮静効果があるからです。脳の中でも重要な視床下部に働いて警戒心を抑えます。眼球も顔のなかで緊張に関係する重要な場所です。もしも眼球が休んでいないと——ほかのどんな感覚器官よりも速く情報をつかみ脳に伝えるので、休むことはほとんどないのですが——ほかの関連する筋肉も緊張しています。ですから昼間にマッサージをするときにはカーテンをひきましょう。夜ならば側面光ひとつにしておきます。

◎音：騒音は神経を強く刺激し、血液中のアドレナリン濃度を高めます。実際に、ある研究では、過去15年間に環境騒音の量と頻度、およびストレスに関係する病気が並行して増えていることがわかっています。ですから理想的にはマッサージは家の中の静かな部屋でやるのが望ましいのです。しかし強い鎮静効果のあるような音楽を排除する必要はありません。

◎におい：においも大脳辺縁系に直接作用します。無意識をつかさどる大元の部分です。悪臭よりはにおいのないほうがいいのですが、鎮静効果のあるにおいがあればマッサージによるリラックス効果を高めることができます。

リラックスできる環境をつくるのに最も効果的な方法は部屋でエッセンシャルオイルを燃やすことです。鎮静効果のあるオイルにはたくさんの種類があるので、どんな人の好みも満足させられるでしょう。においは非常に個人的なもので全然気に入らないものもあるかもしれません。マッサージ師のあいだで人気の高いのはラベンダー、ベルガモット、プチグレン、サンダルウッド、イランイランなどです（参照→P.35）。香炉の方も、電球の上に乗せる単純な金属の輪から凝った石でできたものまでいろいろありますので好きなものを選んでください。

◎温度：セントラルヒーティングの家は暖かすぎることがよくあります。血液の循環を遅くさせるだけでなく、肌を乾いた状態にしますので、温度をあげすぎないようにします。例外はマッサージをするときです。暖かく感じられないときは筋肉をほぐすのがむずかしくなります。セントラルヒーティングでなければ、暖かい服装をしますが、上半身に厚手の物は身につけないように。セクシーではありませんが、保温肌着が簡易暖房としては最も効果的です。

いろいろな効果が証明されていますが、マッサージだけでは——東洋式だろうが西洋式だろうが、激しいものだろうが穏やかなものだろうが——顔を若返らせることはできません。ほかの身体の部分同様に、若々しい活気を保つのには顔もエクササイズが必要なのです。

マッサージの効果をあげるために

- 始める前に手を洗って温めておきます（両手をこすりあわせると速く温まります）。
- 始める前に全部用意をすませておきます。ブレンドオイルを使う場合は混ぜておいたり、エッセンシャルオイルを足したりします。首や肩を簡単にマッサージできるように服を脱いでおきます。できれば身体にタオルを巻いておくといいでしょう。
- オイルを使うときには、まず手にたらしてから使い、直接顔につけないようにします。
- つねに上および外側の方向に円を描くような動きでマッサージし、筋肉を下方向に引っ張らないようにします。
- 指が肌のうえをすべるように、優しく押すようにします。筋肉や骨を感じるようだと力が強すぎます。
- 使うオイルは少量にします。指が滑って肌との繊細な接触が失われてしまいます。

親しみのある顔　29

自分でオイルをつくりましょう

植物油は常に化粧箱の必需品のひとつとしてありました。古代エジプトではヒマシ油からレタスオイルまでなんでも顔に塗られ、オイルは精巧に作られた色ガラスの瓶に保存されていました。エリザベス朝の人びとは、バッファローのオイルを輸入し、より保守的なビクトリア朝の人びとはアーモンドオイルを多用しました。昔から好まれていたアーモンドオイルは今でも一般に広く使われています。現代では、あまり裕福でない人たちが、安い代用品として羊の脂肪（スエット）を使うように薦められなくなったのは幸運なことです。

こうしたオイルに共通なのは、バスルームだけでなくキッチンでも使われるものが多いということです。純粋なベジタブルオイルには、肌に栄養を与え、なめらかにする効果があり、これは他の素材には真似のできないことです。というのも、より効果的に吸収されるうえに、吸収度を最大にするために肌を温めるからです。

これらのオイルは、年齢とともに容赦なく消えてゆく肌本来の油分の代わりにはなりません。油分をいっぱいにしておくには食生活にも油分が必要です（参照→P.95）。しかし自然の植物油も肌の調子を整え、ある程度は水分の蒸発を減らすことによって肌の乾燥を遅らせることができます。どんなオイルも、非常に緻密だったり手入れをしすぎた肌に対しては、毛穴を塞ぐ可能性がありますが、ベジタブルオイルは肌を息苦しくさせるような膜を広げることはありませんし、肌の皮脂生成に悪影響を及ぼすこともありません。

オイルはマッサージには絶対に必要な材料と考えられていますが、それが必ずしも当てはまらないのが顔です。皮脂腺から十分な油分が分泌されていて、この身体のなかでも非常に小さな部分を、指でなめらかにすべらせることができる人もいます。敏感肌で、オイルを使うとデリケートな組織が過熱してしまい、毛穴が開きすぎてしまう人もいます。マッサージ師のなかには、オイルを使うと指と顔との繊細な感触がぼやけてしまうという人もいます。

マッサージに使うとしたら、オイルのおもな目的は、なめらかにすべる表面をつくることです。そうすればマッサージしながら肌が引っ張られたり伸びたりすることもなくなります。原則として、どんなベジタブルオイルでもナッツオイルでもだいじょうぶです。けれども同時に各々の持つ美容的な特徴を最大限に利用したいときには、35ページの表を見て自分の肌に最も効果の高いものを選んでください。

ナチュラルオイルはどれも、肌をすりむくことなく1日のホコリを落とし、同時に肌をなめらかにします。ですからこうしたオイルを顔のマッサージに使えば、毎日のクレンジングやモイスチャライジングの一部にもなるわけです。

植物油？　鉱物油？

市場に出回っているオイルは、ほとんど鉱物油か植物油の合成品です。どちらも自然に存在する物質を原料にした製品なので「ナチュラル」なのですが、品質と肌への効果には大きな違いがあります。

鉱物油は肌に吸収されることはありません。その代わり、表皮の表面に薄いプラスチックのフィルムを貼るように居座ります。このせいで40〜60％の毛穴が塞がり、皮膚が呼吸するのに必要な酸素を奪います。肌から水分が蒸発するのを防ぐかもしれませんが、流れるべき汗が排出されるのも止めてしまいます。短期的には、黒ずんだニキビや傷があらわれます。長期的には肌が自ら油分を生成する能力が低下します。

鉱物油は、ベジタブルオイルやナッツオイルのように肌によい栄養をひとつも含んでいません。しかしアレルギー反応をほとんど引き起こさないうえに、製造コストも低く長期間日保ちがするので、化粧品会社は鉱物油をよく使います。

一方、ベジタブルオイルとナッツオイルはナマモノですから、特に空気にさらされると劣化します。しかし自然の抗酸化物質であるビタミンEを加えることによって、オイルの酸化を完全には防げないまでも遅らせることができます。

ベジタブルオイルには他にもいいことがあります。毛穴を塞ぐことなく肌を保護すると同時に、脂肪酸と脂溶性ビタミンを含んでいるのです。多くは肌から比較的ゆっくりと吸収されますので、効果があらわれるまで時間がかかります。残念ながら、市販の植物油の多くは過熱圧搾法のため栄養が破壊されています。ですから健康食品店などで普通売られている冷圧搾法のものを選びましょう。

ベジタブルオイルのなかには特定の肌のタイプと相性が合うものがあります。概して乾燥肌であればあるほど、飽和脂肪酸が多く含まれているオイルがよく効きます。濃厚でベタベタしているので、ゆっくりと吸収され、水分の損失を効果的に抑えます。脂性肌の人は多不飽和脂肪酸の含有率が高いオイルを選ぶと、さらりとして皮膚に素早く吸収されます。

自分の肌のタイプ（乾燥肌、普通肌、脂性肌）がはっきりしないときは、1週間肌を休ませてみましょう。モイスチャライザーを使わずメイクアップもしないで、洗顔は最もマイルドな石鹸と水だけで行うようにすると、あなたの本当の肌の質があらわれます。化粧水が肌を乾燥させていることや、モイスチャライザーが毛穴を塞いでいることや、ファンデーションで肌が荒れている、ということもあるのです。

警告：エッセンシャルオイルは常に気をつけて使いましょう。薄めずに使えるオイルはほとんどありませんので、生のままに使うようにという特別な指示がない限り、必ず薄めて使うようにします。

　自分の肌のタイプをきめたら33ページのベースオイルのリストから自分に合うものを1つと35ページの表からそれに香りをつけるエッセンシャルオイルを1つ選びましょう。
　オイルを使うまえには、必ずそれが自分にとって安全かどうか確かめます。持病のある場合、治療を受けているとき、ホメオパシー療法を試しているとき、妊娠しているときや母乳育児をしているとき、敏感肌だったり肌が敏感になっているときは、医療上のアドバイザーか、きちんと訓練を受けたアロマセラピストに確認するまでオイルは使わないでください。
　必ず最初にパッチテストを行い、オイルが肌に有害な反応を引き起こさないかどうか確かめましょう。薄めたオイルを1滴、肌に落として24時間放置します。赤くなったり、かさついたり、肌に異常が見られるときは絶対に使わないでください。

肌のタイプ

乾燥肌・加齢肌
- **アプリコットオイル**は、果実の仁から抽出したもので、皮膚に吸収されやすく、肌を柔らかくする効果があります。穏やかな香りがし、炎症を起こした肌を鎮めます。
- **アボカドオイル**は、果実の乾燥した果肉から作られるため栄養豊富で、ビタミンD、ビタミンE、ビタミンB5などを含み、ダメージを受けた皮膚組織を回復するのに役立ちます。
- **マカダミアオイル**は、40％が飽和脂肪酸ですが皮膚に吸収されやすいのが特徴です。水分を多く含み、柔らかい絹のような感触です。
- **ウィートジャム（小麦胚芽）オイル**は、暗黄色の特徴あるにおいのオイルで、少し薄いオイルと混ぜて使う必要があります。ミネラルとビタミンEが豊富に含まれているので、加齢肌にお薦めです。このような特徴にも関わらず速く酸化してしまうので、劣化を防ぐためにさらにビタミンEを添加する必要があります。

普通肌
- **オリーブオイル**は、濃厚なベジタブルオイルのひとつで、マッサージのためには少し薄いオイルと混ぜるのもいいでしょう。炎症を起こしたり、傷のある肌に効く多不飽和脂肪酸を含んでいます。ただ刺激的なにおいは万人向けとは言えません。
- **アーモンドオイル**は、古くから好まれており、古代からスキンケアに使われていました。伸びがよく、吸収されやすいのでマッサージにも適しています。乾燥肌、加齢肌の人にはボリジやマカダミアオイルとうまく混ざります。
- **サンフラワーオイル**は、ヒマワリの種から作られ、肌をしなやかに保つリノール酸を多く含んでいます。伸びがよく、吸収されやすいので、より濃厚なオイル、例えばホホバオイルや、ウィートジャムオイルと混ぜれば、肌の表面に油膜を作らないようにすることもできます。
- **セサミオイル**は、ほとんどの肌のタイプに合う半脂肪油です。化粧品の戸棚よりは中華鍋のなかでよく見かけるオイルですが、古くから日焼け用オイルやヘアオイルとして使われてきました。刺激が少なく目の回りに使うこともできますが、においが強いので普通はもう少し穏やかなオイル、例えばサンフラワーオイルやサフラワー（ベニバナ）オイルで希釈します。

脂性肌
- **ヘーゼルナッツオイル**は、吸収されやすく多少収斂効果があります。皮脂の分泌をコントロールするので、脂性肌を普通肌にするのに役に立ちます。
- **ピーチカーネルオイル**は、アプリコットオイルに似ていますが、薄めで脂性肌により向きます。ビタミンAとビタミンEを含み、肌によく浸透します。
- **アザミオイル**は、薄くて流れるようなオイルで、吸収されやすく、毛穴を塞ぎません。80％近いリノール酸を含み、肌をしなやかに、水分をきちんと保つのを助けます。
- **ハイペラカムオイル**は、オトギリソウの花をオリーブオイルに浸してつくります。花からは、以前、治療用に抗鬱薬として使われた、オイルに若干の収斂効果も加えるハイペラカムが抽出されます。ハイペラカムは別のベースオイルと混ぜる必要があります。

アンチエイジングの効果について特筆すべき2つのオイルは**ボリジ**と**イブニングプリムローズ**です。どちらも、皮膚細胞を強化し水分の損失を防ぐ一方、肌を酸化・老化させるフリーラジカルの破壊にも一役買うというガンマリノール酸（GLA）を豊富に含んでいます。しかしどちらも高価なオイルなので普通は上記のオイルのどれかと、大体ベースオイル7に対して1の割合でブレンドされています。

残念ながらボリジとイブニングプリムローズもウィートジャムのように、日保ちのしないオイルです。これを防ぐには抗酸化物質のビタミンEを加えます。ビタミンEオイルのカプセルを購入しておいて、最初にこれらのオイルのボトルを開けるときに、カプセルを割って中身をベースオイルに垂らせばいいのです。ビタミンEはフリーラジカルを取りこみ破壊する際に使われてしまいますから、一定の期間保存するには、さらに足してやる必要があるでしょう。

親しみのある顔

フラワーパワー

　自然の物質であるオイルには、特有のにおいがありますが、かならずしも万人に魅力的というわけではありません。ですから古代ギリシア人がスキンオイルにマジョラムやミントを加えたように、人びとは香りをつけてきたのです。

　ベジタブルオイルやナッツオイルに香りをつけるのに、最も簡単で安全かつ効果もある方法はエッセンシャルオイルを使うことです。市販のスキンケア製品の多くも今はエッセンシャルオイルを含んでおり、それは広く認知されてもいますが、そこに感じられる香りの少なくとも90％は化学的に合成されたものです。ひとつの人工香料をつくりだすのに数百もの原料が使われることがあり、人工香料は市販の化粧品がアレルギーや過敏肌や炎症を引き起こす際の原因の第2位になっています。しかもエッセンシャルオイルにあるような治療的な効果はありません。

　エッセンシャルオイルは、凝縮された、香りの高い、揮発性の液体で、小さなオイルのような分子でできており、ベジタブルオイルやナッツオイルとよく混ざります。脂肪分は含まれていないのでシミになることはありません。

　「オイル」は植物や果物の皮などの細胞状の構造のなかにある空洞にあり、蒸留法や冷搾法によって抽出されて、凝縮した強い物質になります。例えば、20ミリリットルのローズオイルを作るのに、バラの花びらが100キロも必要です。ですから自然の物質ではありますが、エッセンスオイルは強力で、肌を過敏にしたりアレルギー反応を引き起こしたりします。有効に使うには非常に薄く希釈した形で使います。ベースオイルと混ぜるのであれば1～2％で十分です。入浴に使うなら5～8滴というところでしょう。

　エッセンシャルオイルの魔法は4つの点で効果があります。まず、エッセンシャルオイルは真皮に浸透します。小さい細胞でできていて、脂肪親和性、つまり脂肪と結合しやすいからです。ですから皮脂を含む毛包を通って、そこから血液や体液に流れるのです。

　第2に、使い続けたからといって、肌の反応に依存状態を引き起こしたり、肌の反応を止めてしまうようなことがありません。第3に、どれも感染症を防ぎ循環系を活発にする効果があります。第4に（そしてあなたが30代で「肌がよい状態にない」場合は最も重要なことですが）新しい細胞の成長を刺激します。

　しかしエッセンシャルオイルが酸化してしまうと、治療の効果もなくなってしまいます。保存期間を最大にするには、冷暗所に置くようにして、蓋を開けたままにはしないことです。最低1年は持つはずです。ベースオイルと混ぜると保存期間は急激に短くなり2～3カ月間しか持ちません。

　エッセンシャルオイルの効果は、身体に直接与えるものだけではありません。鼻腔を通して、脳の快楽をつかさどる回路に働きかけます。ですからエッセンシャルオイルをアンチエイジングの効果があるというだけで選ぶのはいいことではありません。好きな香りのものであることが大切です。そのためにも次ページの表に紹介したものは、ちょっとかいでみる価値があるでしょう。

オイル	スキンタイプ	性質	相性のよい香り	ベースオイル	禁忌
フランキンセンス	加齢肌	肌の調子を整え引きしめる	ゼラニウム、ラベンダー	アプリコット、アーモンド	
ラベンダー	乾燥肌、加齢肌、ダメージ肌などあらゆるタイプ	ダメージを受けた肌の回復、炎症を抑える	パルマローザ、ゼラニウム、ローズウッド	マカダミア、ライトオリーブ、マリーゴールド	
ネロリ	乾燥肌、加齢肌	肌を引きしめ細胞の再生を助ける。血管が顔に浮かぶのを抑え、傷あとを伸ばす	ゼラニウム、ラベンダー、ネロリ	アボガド、ヘーゼルナッツ、アプリコット	非常に敏感肌の場合は使わないこと
フェンネル	加齢肌	吸収しやすいエストロゲンのような分子を含みしわに効く	フランキンセンス、ラベンダー、ネロリ	アボガド、マカダミア、イブニングプリムローズ	妊娠中は避けること
ゼラニウム	乾燥肌、加齢肌、普通肌、贅肉の多い肌	肌の調子を整え引きしめる。血行を刺激する	ラベンダー、ベルガモット	大豆、アプリコット	紫外線への刺激感応を増大させる
ベルガモット	普通肌から脂性肌	炎症を抑え、予防する。バクテリアの増加を抑える。炎症の肌によい	ゼラニウム、イランイラン	ベニバナ、アーモンド、ヒマワリ	
ローズウッド（紫檀）	あらゆるタイプ	バクテリアの増加を抑える。肌を沈静化させ、引きしめ、細胞の成長を刺激する。血行をよくする	ラベンダー、ネロリ、ゼラニウム	ホホバ、大豆、ヘーゼルナッツ	
パチュリー	加齢肌、ダメージ肌、混合肌	肌を引きしめ、血行をよくし、炎症を沈める。あかぎれ、ひびのある肌によい	ゼラニウム、パルマローザ、ローズオットー	ホホバ、マカダミア、ヘーゼルナッツ	
サンダルウッド	普通肌から乾燥肌	バクテリアを破壊し、乾燥肌、敏感肌、荒れた肌を沈静化させる	ゼラニウム、パルマローザ、ベルガモット	アボカド、アーモンド、ローズマリー	敏感肌、荒れた肌には使わない
ミルラ（没薬）	加齢肌、ダメージ肌	炎症を抑え、殺菌作用がある。吹き出物や傷に効く	サイプレス、フランキンセンス、ゼラニウム、ティーツリー	ホホバ、アーモンド、ティーツリー	妊娠中は避けること
ローズオットー（バラ）	乾燥肌、加齢肌、ダメージ肌、敏感肌	バクテリアの成長を刺激し、バランスを取り、抑える。毛細血管を強化する	クラリセージ、ラベンダー、サイプレス	ヘーゼルナッツ、ボリジ、ライムブロッサム	
パルマローザ	乾燥肌から普通肌、加齢肌	細胞の再生産をうながす。しわや傷によい	ゼラニウム、ローズウッド、サンダルウッド	アボカド、ヘーゼルナッツ、ライムブロッサム	
ティーツリー	普通肌から脂性肌	バクテリアを抑え、破壊する、ニキビや真菌に効く	ラベンダー、イランイラン	ホホバ、マカダミア	
サイプレス	脂性肌、毛穴の目立つ肌、鬱血した肌、赤ら顔、贅肉の多い肌	血行とリンパ液の流れをうながし、血管が顔に浮かぶのを抑える	ゼラニウム、イランイラン	ヘーゼルナッツ、ボリジ、マリーゴールド	妊娠初期は避けること
レモン	脂性肌、感染した肌	肌を引き占め、バクテリアの増加を抑え、角質を取る。血行をよくする	イランイラン、ローズオットー	ヘーゼルナッツ、アザミ	日光への刺激感応を増大する。敏感肌の場合肌荒れになることも
イランイラン	脂性肌、混合肌	肌を引きしめ、皮脂の生産を抑える	パルマローザ、ラベンダー、サイプレス	アザミ、ヒマワリ	
ローマン・カモミール	ダメージ肌、脂性肌、加齢肌	炎症とバクテリアによる感染症を抑え、予防する。乾燥肌、敏感肌、細かな血管の目立つ肌にもよい	ローズウッド、ラベンダー、サンダルウッド	オリーブ、マリーゴールド、ヘーゼルナッツ	妊娠初期は避けること

4分間マッサージ

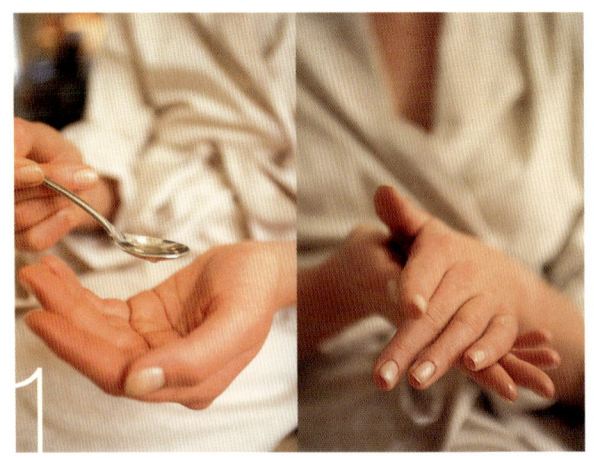

　メークアップを落としたあとにベースオイルを使ってでもかまいませんし、モイスチャライジングクリームをつけながら行ってもかまいません。やり方を覚えてしまえば3、4分もかかりませんから毎日行うようにしましょう。

1. 小さじ1杯未満のオイルを片手に垂らし、両手でこすりあわせてから、オイルを首にあて、上方、外側へと軽くなでるような動きで顔いっぱいに伸ばしていきます。目の回りは皮膚が最もデリケートなところなので、両手の薬指を使って特にやさしくオイルを塗るようにします。

2. 両手を順番に使って、首の根元から顎の骨に向かってマッサージしていきます。適宜手を裏返して、気管の上は軽くすべらせるようにします。耳と耳のあいだの首全体をカバーします。

3. 両手の人差し指と中指を使って、顎のラインにそって顎から耳の前までしっかりとマッサージします。人差し指を顎の上に置き、中指をその下に置くようにします。

4. 両手の指を合わせて眉に向けて指をまっすぐにし、鼻の脇に人差し指の側面をあててしっかりと押します。3～4秒間そのままにします。

5. 力を少し緩めて、両手を頬の方へ移動させ、さらに外側へスライドさせて、人差し指が耳の前にきたところで手を止めて、しっかりと押します。3～4秒間そのままにします。これを繰り返します。

親しみのある顔 37

6 6a 7 7a

8

9

10 11

6. 両手の指を顎の下に持ってきて、両方の親指を上方に対称形にスライドさせ、口角の周辺から鼻の下、鼻腔の両脇のあたり、鼻の頭を少しはずれたところまでマッサージします。

7. 両手の中指と薬指を使って、眉頭からはじめて、眉の上をしっかりとマッサージします。それから薬指だけを使って目の下を内側にたどります。

8. 両手の中指を使って、閉じたまぶたの上を外側に軽くマッサージし、それから目の下も同じように軽くさすります。

9. 指をそろえて、人差し指が方向をきめるような感じで、手のひらでしっかりと押すような動きで髪の生えぎわへと上方向へすべらせます。眉間のところから始めて、髪の生えぎわで終えます。

10. 目を閉じて、指をそろえて両手全体を少し丸めて、軽い吸引器をつくるような気持ちで、顔をしっかりと押し、一拍置いてから手を離します。それから、鼻から耳に向けて両手を外側に動かし、顔全体を覆い、両手を上下に動かして、顎先から髪の生えぎわまでをカバーします。

11. 指をそろえ右手の全体で、首の左側に押しあて、首の根元から顎までマッサージします。このとき、気管は避けるようにしてください。その後、左手のひらを首の右側に押しあてて同じように繰り返します。

15分間マッサージ

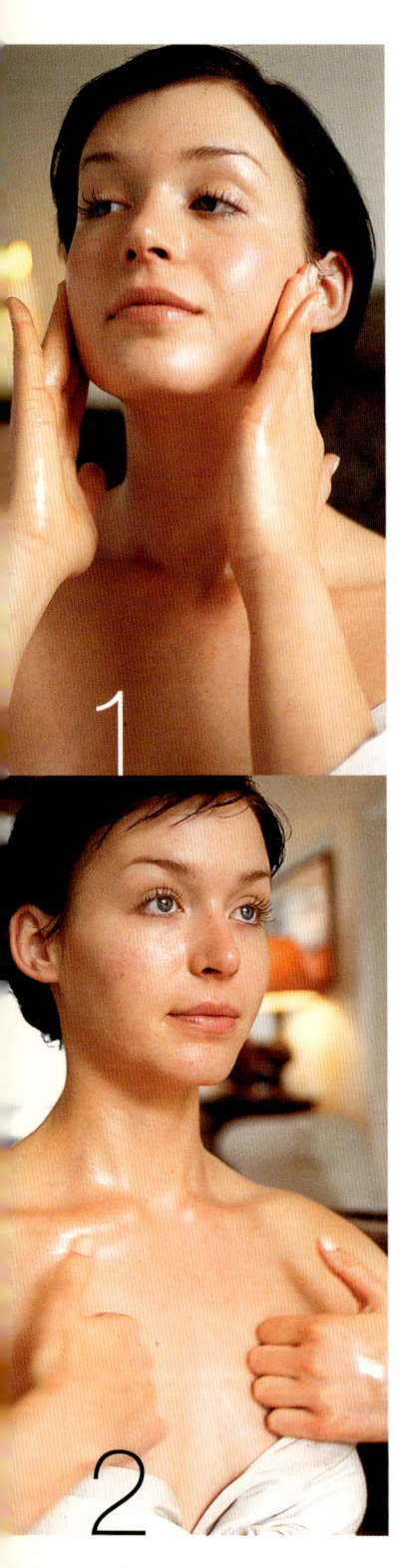

　4分間マッサージの延長版で、1日の終わりにやるのが一番いいでしょう。

1. 片手に小さじ2杯のオイルを垂らして両手でこすりあわせ、オイルを顔と首、肩と二の腕に塗ります。

2. 両手のこぶしを内側に向けて使い、胸の上のあたり全体を円を描くようにマッサージします。

3. 両手をのこぶしを順番に使って、二の腕（三角筋）と肩の上のあたり（僧帽筋）を押します。マッサージされる方の腕はできるだけくつろいだ状態にあるようにしてください。

4. 片手ずつ順番に、指先を平たくして、反対側の肩のてっぺんから、首の後ろのつけ根まで、頭を支える役目をしている僧帽筋に沿って揉んだり押したりします。肩を揉んでいるときは、使っている方の手の肘を支えます。

5. 両手を使って、人差し指から薬指までの3本の指を平らにして、しっかりと円を描くように頸骨の両側の筋肉を指圧します。頭蓋骨の根元から首の根元まで押していきます。

6. 片手ずつ反対側の肩を、指先を平らにしてゆっくりと深く、肩先や、首の後ろの深いところにある筋肉を押していきます。肩のすぐ内側にある筋肉の端からはじめて、首の根元までゆっくりと内側に進んでいきます。しっかりと深く押して、柔らかく感じられる箇所は、力を徐々に強くして、緊張がほぐれたように感じられるまでじっとしています。

4分間マッサージのステップ2を行います。

7. 片手の指を使って喉仏の脇、少し下のあたりをやさしく押して7〜10秒間そのままにします。使う手を交替しながら、両側を2回ずつ繰り返します。

4分間マッサージのステップ3を行います。

8. 指先を平らに、少し指の間をあけて顎の骨の上にそって、顎先から顎に沿って外側の方向に圧迫していきます。それから頬の方にうつって、列をつくるような感じで指圧します。この動きを繰り返し、列のはじめを少しずつ顔の上の方にずらして押していき、最後の列は頬骨の上で終わるようにします。

9. 人差し指と中指のはらを使って、歯を食いしばったときに目立つ顎関節のあたりを円を描くように押します。

4分間マッサージのステップ5を行ないます。

親しみのある顔 **41**

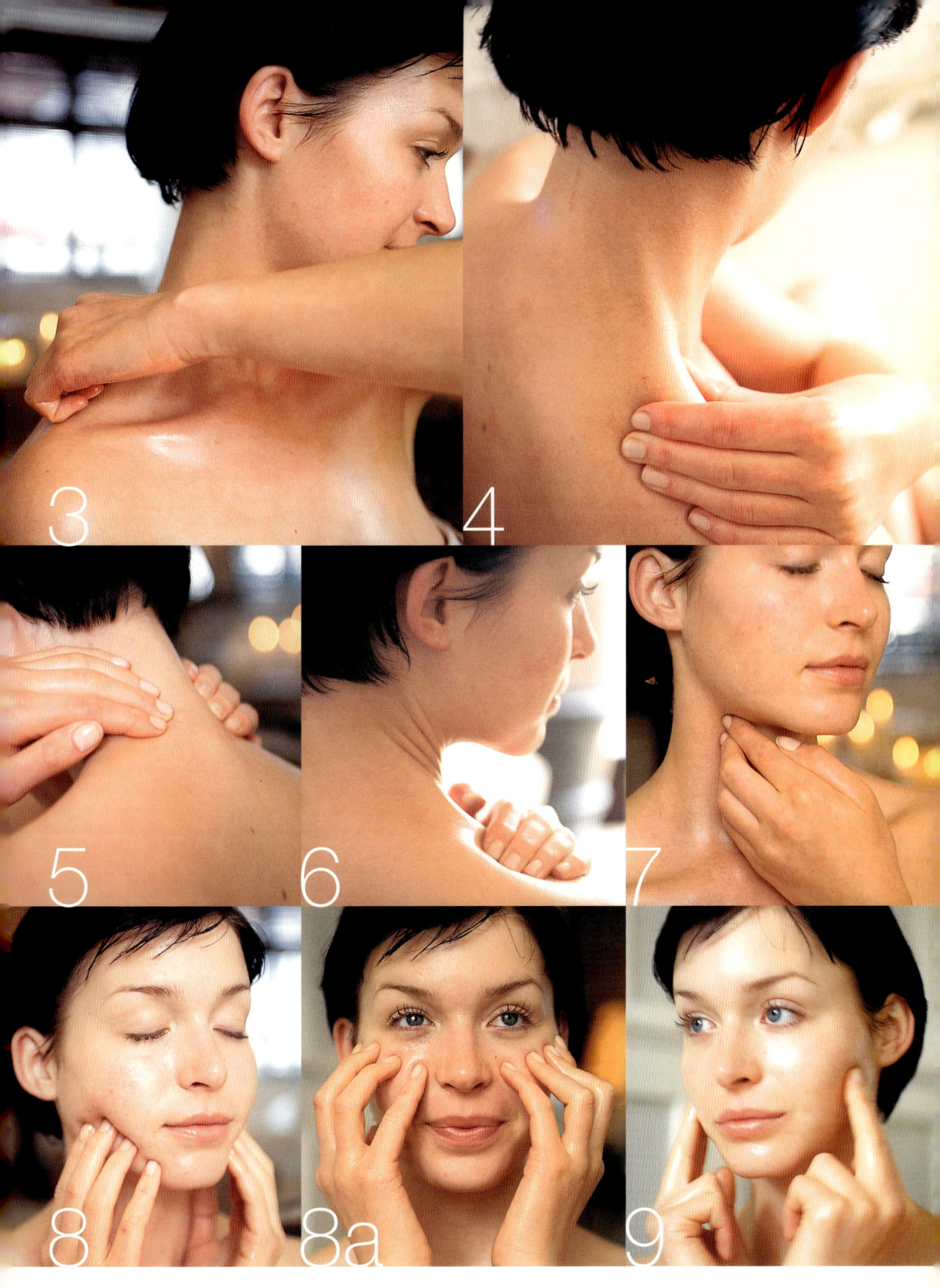

10

11

11a

12

13

42

10. 両手を顔の側面に置いて、人差し指を耳の後ろに、その他の指は指の前になるようにします。圧力をかけて、耳の前から顎の方向へ下に向かって動かしていきます。

4分間マッサージのステップ6、7、8を行ないます。

11. 両手の人差し指と中指のはらを使って、眉に沿って外側に向かってしっかりと押していき、その後、今度は目の下を内側に向かって眼窩(がんか)に沿って押します。

12. 肘をテーブルに休ませて、親指を使って目頭のくぼみをしっかりと押します。頭は親指に預けてリラックスさせます。このポイントは人によっては強く感じすぎることがあるので、最初はやさしく押してみてから少しずつ緊張がほぐれるにしたがって力を強くしていきます。眼窩(がんか)の上側全体を押していきます。

13. 両手を交互に、人差し指と中指を使って、眉頭をしっかりと押します。少し力をゆるめて、額から生え際へまっすぐに上へスライドさせます。すうーと流れるような動きで5、6回繰り返します。

4分間マッサージのステップ9、10、11を行います。

14. 両手を一緒に使い、指の間を少しあけて眉から髪の生え際まで上に向かって、指のはらで列をつくるような感じでしっかりと指圧していきます。額全体をこのやり方で押します。

トラブルのある箇所

　人によっては、特に気になる箇所があるでしょう。以下に掲げるエクササイズは、回復または予防の目的でするもので、4分間マッサージにも15分間マッサージにも取り入れることができます。

1．二重顎
　指の力を抜いて、親指で顎の下の筋肉を押します。顎先の下から始めて外側に向かい、エラの方へ移動します。
　4分間マッサージならステップ2のあとに、15分間マッサージならステップ6のあとに行います。

2．頬のたるみ
　両手の中指と薬指をまっすぐにのばして、両手が互い違いになるようにして、片方ずつ頬の筋肉（咬筋と頬筋：参照→P.53の図）を横にころがすような、持ち上げるような感じ、筋肉を上の方向に弾くぐらいの感じで動かします。
　4分間マッサージならステップ4のあとに、15分間マッサージならステップ10のあとに行います。

3〜4．唇のしわ
　唇を伸ばすようにニッコリ笑い、右手の中指を左の口角にあて、円を描くように下唇の縁にそって動かします。それから手を替えて、左手の中指を使って、円を描くように上唇の縁にそって繰り返します。
　4分間マッサージならステップ4のあとに、15分間マッサージならステップ10のあとに行います。

5．目もとのしわ

　両手の中指か薬指を使って、目もとのしわがあらわれるところを最初は水平に、それから垂直な線を描くようにして十字路形に動かします。中指を組み合わせて、目尻から始めて外側に、また上方へはこめかみのところまで動かします。

　4分間マッサージならステップ8のあとに、15分間マッサージならステップ10のあとに行ないます。

6．鼻の頭や鼻梁の毛穴が開いているとき

　中指か薬指を使って、鼻全体と周辺を小さな円を描くようにマッサージします。鼻腔の周辺から始めて、鼻の頭へ、それから鼻の両脇にうつって鼻柱のところで終えます。

　4分間マッサージならステップ2のあとに、15分間マッサージならステップ6のあとに行います。

7．眉間のしわ

　左手の人差し指と中指を使って、上向きのV字型をつくって肌を持ちあげ、右手の薬指を使って眉間に小さな円を描きます。4分間マッサージならステップ8のあとに、15分間マッサージならステップ12のあとに行います。

8．額のしわ

　額を横切るしわの位置を探します。右目の上からはじめて、右手の中指を使って、小さな円を描くような動きでしわに沿って、右から左にスライドさせていきます。左手の人差し指と中指でしわの上下の肌をしっかりと押さえます。4分間マッサージならステップ9のあとに、15分間マッサージならステップ14のあとに行います。

親しみのある顔　45

顔を引きしめる

3

顔を引きしめる　**47**

自分で動かせる筋肉

　ジムに行くと多くの人が汗を流しながら筋肉のエクササイズをしていますね。上腕二頭筋、上腕三頭筋、大腿四頭筋は、筋肉をつけ、力をつけよう、なによりも日常生活や陸上競技において自分の望むように筋肉を動かせるようになろうという人びとの努力に合わせて、無理やり動かされています。

　エアロビクスや自分の身体を自分でデザインしようという風潮は1980年代から1990年代を通じて世間を支配し、ひどく頑固な運動嫌いでさえも一般的に健康でいること、健康な外見を保つには筋肉が重要だということに気づくようになりました。スポーツ産業とファッション産業が共に圧力をかけたおかげで、私たちは、自慢の元となる筋肉、例えば体幹を前屈させる腹直筋やお尻を持ち上げる臀筋についても知るようになりました。

　けれども毎日の暮らしのなかで身体の656の筋肉のうちどれが長い時間動いているか、またどれが一番周囲の目につくかご存じでしょうか。間違いなく顔にある約50の筋肉です──持ち主は気づいていませんが。お腹のまわりの筋肉がたるんできたり、お尻が垂れ下がってきたのに気づかないことはないでしょう。毎日パンツのなかに押しこんだりドレスの下に隠したりしているのですから。顔の筋肉は思い出されるまで変わらずに、持ち主の目にもふれず、心にも留められず、ただそこにあります。

　筋肉は、随意筋と不随意筋にざっと分けることができます。命に関わるものは不随意筋です──それはかえって都合のよいことで、そうでなければ日常の煩雑なできごとのなかで呼吸をするのを忘れてしまうかもしれません！

　顔をコントロールする筋肉は、手足の筋肉と同じように意識によって動く随意筋です。しかし他の随意筋と大きく違うところは、顔の筋肉はしばしば無意識にも動いているということです。顔の筋肉は1日中酷使されています。眠っているときも瞼は動いていますし、歯ぎしりもしています。これを読みながら顔をしかめているかもしれません（今すぐ止めてください！）。電話で話をするときは、だれも見ていないのに、顔の表情は言葉を伝えています。

　ですから顔は常にエクササイズをしているのです。問題は、それが悪影響を与えるようなものになりがちなことです。アンバランスに筋肉が引っ張られたり、縮んだり、緊張したり、伸びたりさせられているのです。

　筋肉は小さなチームを組んで動くように、相互補完的になるようにデザインされています。ですから、ひとつの筋肉が緊張すると必ず別の筋肉が弛緩するようになっています。例えば前頭筋が収縮して額をあげると、後頭筋が伸び、また口輪筋が唇を閉じるときには、唇を開かせる筋肉群はたるむという感じです。このように筋肉は、理想的にデザインされた目的通りに動けば、調和の取れた動きをします。主力筋が締めば拮抗筋が伸びてくれるということです。

　しかし、無意識のうちに行う習慣的な表情は、調和の取れたパターンを崩すゆがんだものになりがちです。特定の筋肉を伸ばしすぎたり、過度に縮ませたりという動きをすると相対する筋肉の方も、逆の不幸に見舞われます。そしてへんなふうに伸びたり、たるんだり、縮んだりした組織にはなにが起こるでしょう？　構造の深いところから波状になって──すぐに表面にしわとなってあらわれるのです。

　さらに、もし顔の両側が、もともとデザインされているように、意識的に同じ量だけ動いていないとしたら非対称形になってしまいます。そして対称形こそが、自然界の多くの調査研究が証明しているように美というものの根源的な基本なのです。

　身体のたるみやしわは、結局は身体中にあらわれるものです。しかしそれは顔に早くあらわれる傾向があります。この本のマッサージ部位について言えば、ひとつの筋肉を除いては片側が骨ではなくて組織につながっていることがその理由です。

　顔も、解剖学的には他の身体の部分同様、筋肉と皮膚と組織と神経でできているのに、どんなに自分のことを意識して、身体に気を遣っている人でもこれを避けられないのはなぜでしょうか。理由の一部は、美容産業が絶え間なく主張し約束している言葉、たるんだ顔の唯一の解決法は外側からのものだ、ということに人びとが納得してしまっているからです。また、人びとが顔の筋肉の存在に気づいていないこと、難しくても顔のエクササイズができることに気づいていないことも原因のひとつです。

　ですから、初めの一歩として身体の他の随意筋同様、顔の筋肉にも気を配ることからはじめましょう。

顔を引きしめる 49

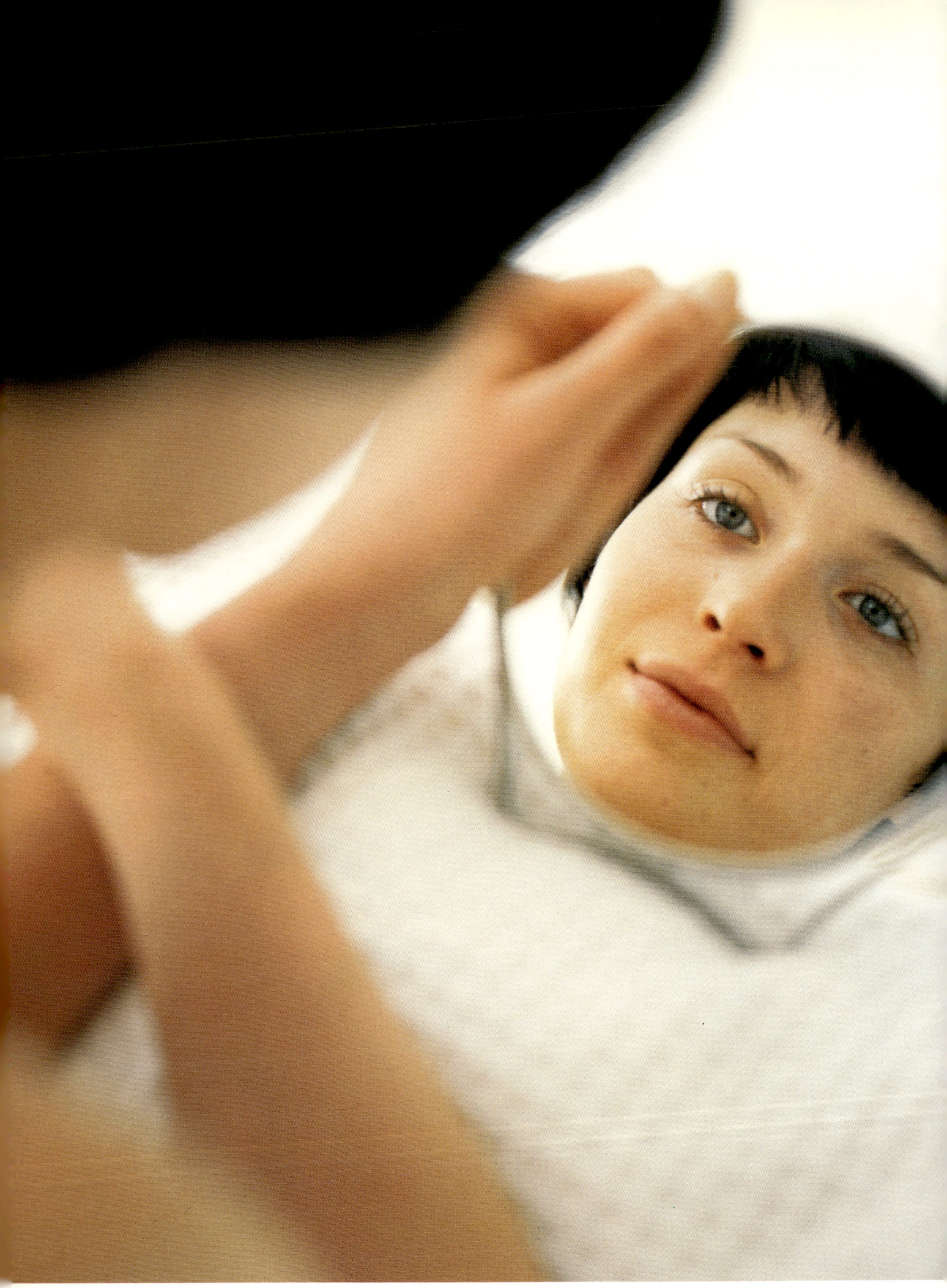

顔の筋肉は鍛えられる

腹直筋を鍛えようとする人は、ジムであえぎながら腹筋体操をしていますが、顔の筋肉についても同じように考えるということを学ばなければなりません。

顔の筋肉は顔のかたちに同じように影響を与えますし、最も大切なことは、同じくらい簡単に鍛えることができるのです。もちろん、顔の輪郭は基本的には骨の構造によって決まってしまいます。鼻梁の高いだんご鼻や突き出た耳を受け継いでしまったとしたら、整形手術でも受けないかぎり変更できることはほとんどありません。しかし、顎を強くしたり、目のくぼみを目立たなくしたり、唇をふくよかに、頬をすっきりさせることは、そのあたりの筋肉を鍛えれば可能です。

顔の表情をつかさどる筋肉は2層、ときには3層になっていて、ほとんどは片側を骨に固定し、反対側は、結合組織のさやの中に入っています。エクササイズをするとこれらの筋肉が動いているのが感じられ、筋肉が無意識のうちに悪影響を与えるようなエクササイズをしているのにも気づきやすくなります。私たちが考えているよりもずっと多く、顔の筋肉はしかめつらをしたり顔をひきつらせたり、にらみつけたりといった表情をしているものです――こうした動きが顔を下向きに引っ張っています。私たちが見てきたように、筋肉が動く方向へと、その筋肉がついている皮膚も最終的にはついていくのです。

よく言われることで、何度繰り返してもいいことですが、にっこりするよりしかめつらをする方が筋肉の動きとしては2倍大変なのです。笑うのには頬筋が関係するだけですが、しかめつらには、2、3種類の筋肉を縮める必要があります。

すべての筋肉は年齢とともに退化します。結果としておこる顔の肌のたるみは、20代のあいだは非常に微妙かつゆっくりとしていますが、30代には外見にあらわれ、40代までにはだれにとってもなにより気になることになってしまいます。けれども常に同じ上向きのエクササイズをすると筋肉をふくらませて、上に持ち上げることになります（加齢によってそのスピードと効果にだんだんとかげりが出てきたとしても）。

持ち上げる

ボートの選手の三角筋と胸筋が、肩と胸の形をきめるように、顔の筋肉の状態があなたの顔をきめるということにまだ納得がいかないとしたら、これを試してみてください。床に垂直に鏡を置き、背中を向けて立ちます。足を開いてしっかりバランスを取ります。腰から身体を曲げて頭をまっすぐ垂らし、自分の上下さかさまの顔を見られるようにします。肌のたるんだひだがわかりますか？　あなたがかつて持っていた、より多くの筋肉がそのたるみを元の場所に戻すのを助けてくれるでしょう。

今、あなたに必要なのは、上下さかさまの顔を鏡で見なくても、自分の顔の筋肉について気づくことです。

マッサージをはじめたのなら、すでに筋肉がどこにあり、外側をさわるとどんな感じがするかもうわかっていることでしょう。エクササイズをすれば、筋肉が個々のアイテムのように働いているのを感じるのに役立ちます。筋肉全部の動きをずっと感じられるなどと期待してはいけません。しかし17のおもな筋肉（参照→P.53）のコントロール法を学べば顔全体の活性化の手始めになります。

顔を感じる

顔の筋肉は、身体のなかでも最も忙しく動いていますが、コントロールするのは一番簡単というわけではありません。だれかに競技場のトラックを全力疾走するように言えば、スタミナの許すかぎり、走ることができるでしょう。重いダンベルを持ち上げてと頼めば、バランスを保てるかぎり、やってくれることでしょう。けれども多くの人は鼻腔を開くことはできませんし、耳を動かすことも、頭皮をずらすこともできません。

これは、こうした動きをする筋肉は、日常生活を送るうえでわざわざ動かす必要がないからです。幸運なことに、これらの特別な筋肉は顔のかたちや調子に影響を与えるものではありませんから、毎日のエクササイズに含めてはいません。けれども顔の筋肉には、他にもあまり使われていないもので、自分でコントロールの方法を学ぶ必要があるものがあります。

これらの筋肉は、完全に休眠状態というわけではありません。眠っている間によく動かしているかもしれませんし、他のもっとおもだった筋肉が動くときに、無意識に動かしているかもしれません。けれどもそれらが動くのを感じたり、意識して動かすためにはどうしたらいいのでしょうか。これは外国語を話すのを習うのにちょっと似ています。どの筋肉がどの動きをつくりだすのかを学ばなければなりません。移民の人たちが元々の強いアクセントを保っている理由のひとつは、舌、喉、それに唇を動かすときに、母国語と同じ筋肉を使って新しい音をつくりだそうとするからです。

これではうまくいかないでしょう。まず最初に、自然に発声している人から、どの位置に舌があれば音を出せるのか教えてもらい、ひとりで何度もその音を出せるように練習しなければなりません。こうすれば十中八九、最終的にはひとりでにその音が出てくるようになるでしょう。

肉体的な忍耐力が片側に、想像力が反対側にあります。エクササイズの必要な筋肉を思い描きます。うまく感じられないとしても、意識を持って動かすのには役に立ちます。

年齢は言い訳にならない

顔のエクササイズは若いうちに始めるとより効果があります。まだしわのできる前の20代に始めれば、本物のしわを数年送らせることができます。若い筋肉はエクササイズをすると、年をとった筋肉よりも早くつきますし、より弾力性があるので、ダメージの影響を受けにくいのです。

同じ理由で、遅すぎるということはありません。実際エクササイズは顔の整形手術を受けた人たちにも薦められています。この人たちのほとんどは40代後半から50代前半です。現在では、進んでいる外科医の中には、手術の前に顔のエクササイズを始めて、筋肉を強化するよう患者に薦める人もいます。こうすると手術後の回復が速く、その後もエクササイズを続けていくことが容易だからです。

筋肉はどんなふうに老化するか

30代前半から、繊維がタンパク質を失い、身体中の筋肉が縮みはじめます。繊維の数は変わりませんが、その直径が小さくなるので、筋肉もまばらになります。同時に筋肉は乾燥してくるため液体分の体積も減っていきます。けれども筋肉の力は失われていませんし、伸ばされる結果として長くなっていることもあります。これが加齢にともなってたるんだ外見に見えるはじまりなのです。

このプロセスは非常にゆっくり始まるので気づかないものです――だれかの25歳のときの二の腕の写真と45歳のときの写真を比べでもしないかぎり。上半身の筋肉は、より早く衰えます。毎日重荷を運ぶような目にあっていないからです。常に重荷に耐えている脚ほどではないにしても、荷物を持ち上げたりするときに腕にかかる影響を考えると、顔の筋肉はそれよりもずっと早く縮んでしまうにちがいないということが想像できるでしょう。

筋肉が縮んでしまう結果、副腎と生殖腺から分泌されるステロイドホルモンの生成の減少も起こります。このホルモンには、肌をなめらかにしなやかに保つ役割もあります。エクササイズをするとホルモンのレベルが下がるのを遅らせることができます。ですから筋肉を活発にしておくと、いくつものメリットがあるのです。

二次的な効果

筋肉だけがエクササイズのよい影響を受けるわけではありません。顔のエクササイズをすると、筋肉に付着している結合組織にも影響があるようです。酸素と栄養の組織への供給が増えるので、エクササイズは、年齢とともに自然に衰えるコラーゲンやエラスチンに含まれる弾力繊維の細胞の成長を刺激すると考えられています。これは、あなたが使っているよく売れている化粧水やクリームが、年とともに薄くなる肌の表層を対象にしているのとは対照的です。

年齢とともに消えていくもうひとつの財産は脂肪です。ほとんどの女性は思春期から大人になっても脂肪組織を最大の敵と考えていますが、顔から消えてしまうと、なくて寂しく思うものです。というのは、脂肪があった場所に出てくるのはしわなのですから。これは皮膚の一番薄いところ、例えば目の周辺でもっとも目立ちます。目の周辺で小さな脂肪組織のいくつかが失われると、目がくぼんで見え、それが黒ずんだ肌に囲まれることによって、強調されて見えることがあります。ですから顔全体の脂肪を貯蔵している部分が衰えると、やつれた顔になります。

解決法のひとつは、摂取カロリーを増やして、ファーストフードショップでも普通に注文し、歩くのにたぷたぷする頑固なお尻は受け入れることです。もっと魅力的な解決法は、エクササイズをして肌を筋肉で再び満たしてやることです。

顔の筋肉

顔だけでも50以上の筋肉があります（参照→右ページの図）。そして、そのほか40以上の筋肉が顔の動きに影響しており、そのほとんどは首と肩の筋肉です。けれども心配することはありません。顔の輪郭や肌の調子に大きな違いを出すためにエクササイズが必要なのは、その半分未満なのですから。

1. **側頭筋**：こめかみのところの筋肉で顎を閉じるのに使われます。
2. **前頭筋**：額の筋肉で眉をしかめるときに使います。
3. **眼輪筋**：目の周りの環状の筋肉で笑いじわはこの筋肉の動きによるものです。
4. **上唇挙筋（上唇方形筋）**：上唇の筋肉で上唇が微笑むときに動きます。
5. **大頬骨筋**：頬骨の筋肉で口を動かすときに使われます。
6. **咬筋**：顎と閉じて噛むときに使う筋肉です。
7. **胸鎖乳突筋**：この筋肉は胸と鎖骨を頭蓋骨につなぐ筋肉で、首を回すのに使います。
8. **口角下制筋**：不愉快なときに口角が垂れるのはこの三角の筋肉が関係しています。
9. **口輪筋**：上唇にある半円状の筋肉で、唇の動きをつかさどります。
10. **頬筋**：この深いところにある頬の筋肉は笑うときに、えくぼをつくる役割をします。
11. **（下）口輪筋**：下唇の半円状の筋肉で、やはり唇を動かすのに使います。
12. **下唇下制筋（下唇方形筋）**：下唇の筋肉です。
13. **おとがい筋**：顎の筋肉です。
14. **顎二腹筋**：二重顎の原因になる筋肉で、下顎に柔軟性を持たせます。
15. **斜角筋**：不等辺三角形の筋肉です。
16. **肩甲舌骨筋**：肩甲骨の筋肉です。
17. **胸骨舌骨筋**：胸骨と舌骨の筋肉です。

顔を引きしめる **53**

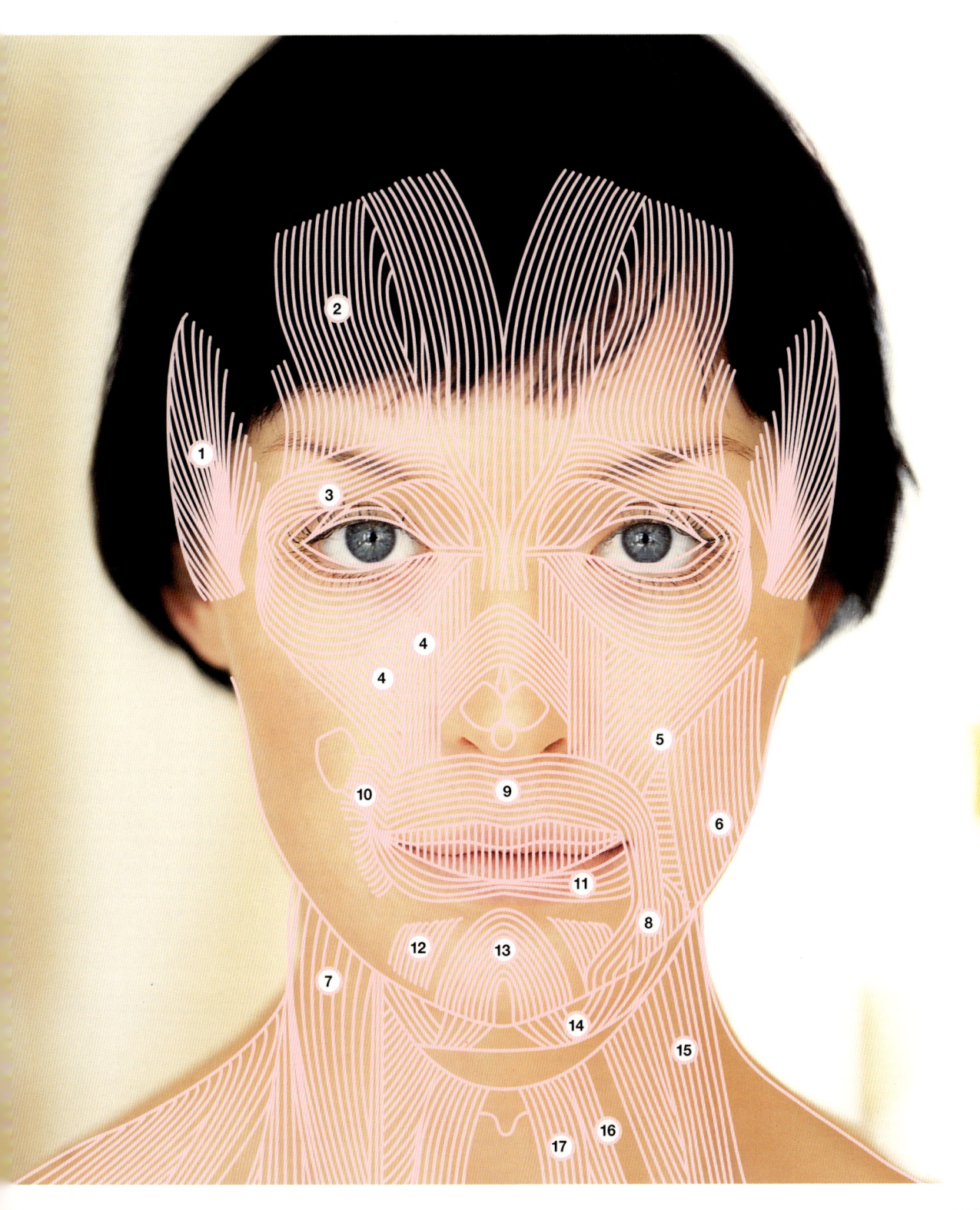

姿勢

　現代では、私たちのほとんどが座ることを中心にした生活をおくっていますが、これは、顔には少しもいい影響を与えません。だらしない姿勢や前かがみに歩くことに慣れきっていて、背中が痛くなったり肩がこったりして、初めてはっとするのです。悪い姿勢は、顔と首にも同じように悪影響があります。身体をまっすぐ保つことが、首と顔の筋肉の調子を整えるエクササイズをするときの姿勢です。悪い姿勢のせいで、肩や首の筋肉が弱っていたりねじれていたりすると、結果としておこる緊張のせいで、顔の活力に必要な血行が悪くなります。

　姿勢は身体のいろいろな部分の影響を受けています。しかし次の4つのおもな場所に集中すれば、顔に十分よい影響が反映されることでしょう。

首

　人間の赤ちゃんは他の哺乳類よりも歩けるようになるのがずっと遅いのですが、これは大きな脳をしまっておくために、不釣り合いに大きな頭が必要だからです。大人になるまでに釣り合いがとれるようになってきますが、頭は約5キロあって、首でしっかり支えておかなければなりません。

　ほとんどの人は頭をずっと後ろの方で支えていて、頭を前の方に持ってくるのに首に大きな負担をかけています——おかげで、頭の重さのせいでひっくり返ることがないのです！　しかし、そのために首に起こる緊張が顔の血行を悪くして、頭を支えるはずの筋肉は必要な運動ができなくなり、結果として筋肉を失ってしまいます。もっともわかりやすい結果がしわの多い首です。いずれにせよ首は顔よりも加齢の影響を受けやすいところです。

　首の緊張をゆるめるには、毎日首を曲げるような動きをしましょう。息を吐いて、肩をほぐし、頭を前に落とします。それからうしろに揺らして背骨の一番上のところで休み、それぞれの肩に向かって横向きに倒します。たぶん緊張のかたまりがほどけていくときに、きしむような警告音を聞いたり感じたりすることでしょう。

　本来あるように、背骨の延長に首の位置を保つようにするには、「視覚化」を試してみましょう。日常生活で座っているときや歩きまわっているときに、頭のてっぺんから上の方向に糸が伸びていて、空の方向へ引っ張られていると想像します。こうすると、頭の位置を、頭蓋骨が第一椎骨とであう大切な関節のところに正しく持ってくるのに役に立ちます。または自分の頭が風船で上の方向へ少し浮かんでいると想像してみます。同時に、肩を丸めないように、きちんと広げたままにして力を入れずに耳から遠くなるように引き下げます。

背中と肩

　自分が悪い姿勢だと気づいたとき、まずやるのは軍隊の行進のように両肩を後ろにひくことです。しかしこれでは、首と肩に緊張が生まれ、背骨が短くなって、呼吸に支障をきたします。そのかわり、背中を広く保ち、背骨を伸ばして椎骨の間の間隔が広がるようにします。

　肩甲骨が、ちょうどいい具合に離れていて、常に耳の真下にありお尻の方向に向かっているように想像します。こうすると胸郭が開いて、背中の筋肉が伸び、肺に拡大する十分な余地が生まれます。

骨盤

　骨盤は身体の重力の中心で、よい姿勢をとるのに大切なところです。プロのダンサーの歩き方を見てみると、ヒップからすべるような特徴的な歩き方をしていますね。あれがよいバランスの中心なのです。

　その他の人たちは、前かがみになって、背中の下の方を緊張させるだけでなく、お尻をぶっかこうに突き出しています。これを矯正するには、骨盤を押すような動きを毎日少しやってみます。エルビス・プレスリーやマイケル・ジャクソンを思い浮かべて骨盤を繰り返し前に突き出しましょう。

足

　女性の身体の部分で、足ほど毎日無視され酷使されている部位もないでしょう。流行の名のもとに、人間の足とはおよそ釣り合わない形の靴に足を押しこめているのですから。結果として、腱膜瘤（バニオン）、水ぶくれ、たこができて、足治療師を繁盛させることになるのです。しかし、彼らはあなたの姿勢にはなにもしてくれません。さらに、不愉快な気分が最初に外見に表れるのは顔なのです。

　素足か柔らかい靴を履いて、自分の足を床に平らにつけて立ち、肩幅に広げます。踵と親指の付け根のふくらみの間と、少し開いたつま先に等分に体重をかけます。

　一方の足に多く体重をかけるのはやめましょう。アンバランスが腰からその他に伝わり、そこから背骨へ伝わって、背骨はバランスをとろうとしてねじれて、首を緊張させます。

時間をかけて

　筋肉がゆっくりと年をとっていくように、エクササイズによる改善効果もゆっくりあらわれます。短気になって、早く結果を出そうと、書いてある以上のことをしないようにしましょう。すぐに結果はでません。きびしい努力を続けているといやになって、最新の「1日1回若返りジェル」を探しにいくことになってしまいます。

　短期的に見るとエクササイズを数分すれば顔色がよくなるのがわかるでしょう。けれどもこれは筋肉がしっかりしてきたというより、血行とリンパの流れがよくなったからです。同じ効果は、毎朝数分間逆立ちをすれば得られます。効果は1日は持続しますが、最低1日おきにエクササイズをしないと弱くなってしまいます。

　サイズに違いがあるのと、肌の表面にきわめて近いところにあるのとで、筋肉が改善する速度はさまざまです。例えば、頬のようすには2週間以内に効果があらわれるでしょう。しかし首や顎に結果が出るにはもう少しかかります。

顔を引きしめる

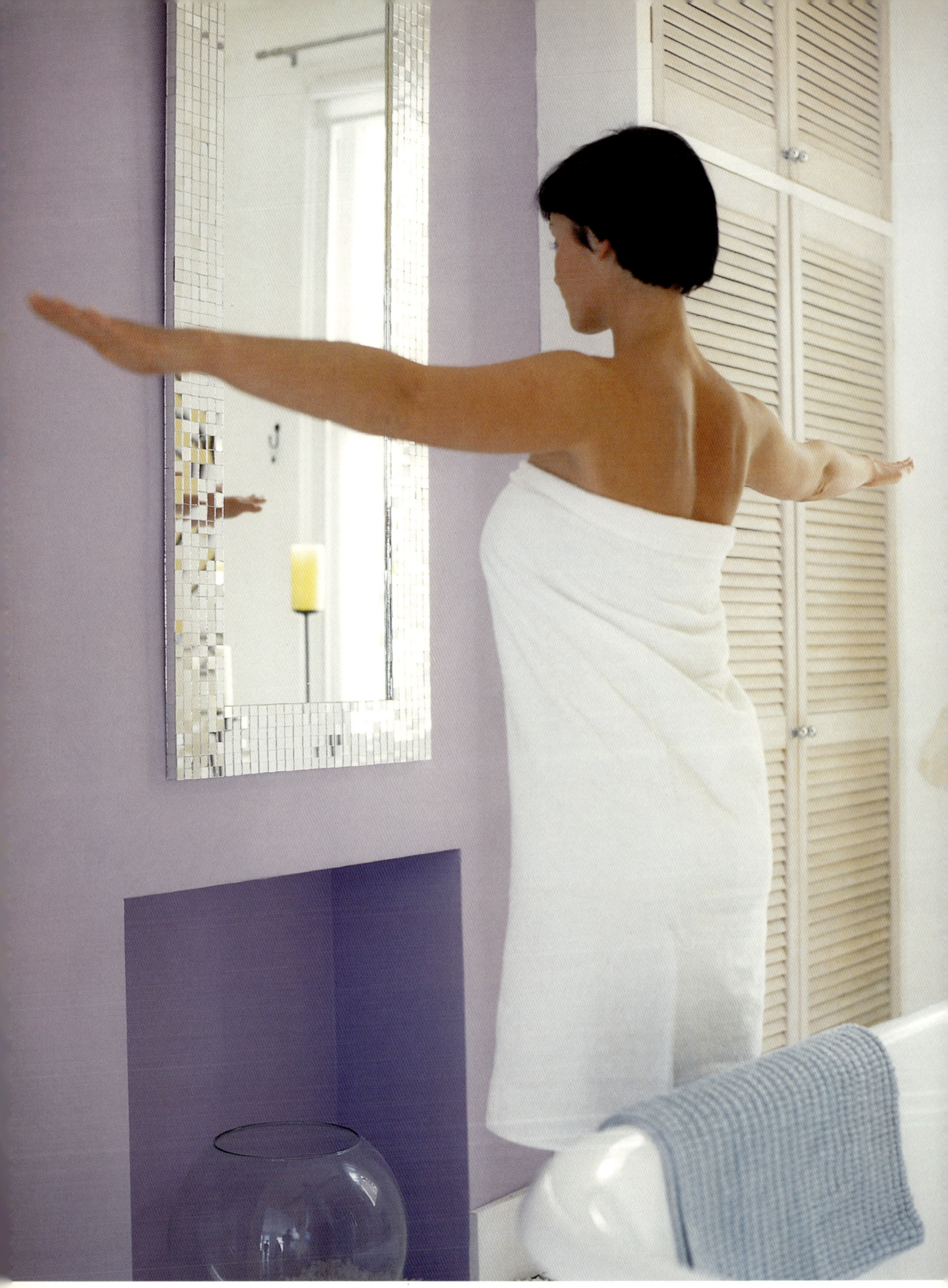

顔を引きしめる3つのステップ

これから説明する基本のエクササイズと、そのあとの類似の3つのパターンは、次にあげる共通の原則に基づいています。

◎発見：エクササイズをする前に、自分が鍛える筋肉を発見しておくことは当たり前のように思えるかもしれませんが、実際にやってみると無意識的にというわけにはいきません。眠っている筋肉はそれほど目立ちませんし、小さい筋肉の位置を確認するのにも練習が必要です。最初は、エクササイズをするときに鏡を見ながらやるといいでしょう。

◎抵抗：筋肉の力が筋肉への血行をさまたげているようなとき、それに対して抵抗するようにします。血行がよくなると、新しい血流に含まれる酸素が筋肉の栄養となり、筋肉をつくることになります。

◎リラックス：エクササイズをした筋肉は、緊張させたあと意識的にリラックスさせる必要があります。そうしないと、緊張と固くなったことで、血行が悪くなり、痙攣を起こすことがあります。

顔のエクササイズのヒント

- 始める前にはいつも顔をリラックスさせます（参照→P.117）。
- 軽いクリームかオイルを塗ると、肌が伸びるのを最小限にできます。潤滑剤を塗る前に顔を清潔にしておきましょう。
- 筋肉のエクササイズを始める前にウォームアップをします。特に、問題のある箇所のエクササイズを定期的に行う場合には大切です。
- これらのエクササイズに慣れてきたら、鏡を頭の高さにおいて、エクササイズをしながら動きを楽々と追い、かつ自分の顔を見られるようにします。
- 肌を引っ張ってはいけません。抵抗のエクササイズのときは、動かすのは筋肉であって、皮膚ではありません。
- 痛みを感じたら止めます。間違った筋肉を使っているということかもしれません。もう一度やり方を読んで、筋肉の視覚化を試み、それに集中してエクササイズはあとでもう一度やることにしましょう。
- 筋肉のエクササイズにおいて顔の片側ずつ両方を同じようにやる場合に、エクササイズの量が片側ずつ同じになるようにします。対称形こそ、身体の美の基本原則のひとつです。
- できるなら毎日エクササイズをします。身体の調子を整えるほかの方法同様、少しずつ定期的にやった方が、たまにまとめてやるよりも効果があります。
- ひとつひとつのエクササイズに時間をかけましょう。ひとつのエクササイズを適切にやる方が、おざなりに10回やるよりも効果があります。
- エクササイズの間はリラックスします。リラックスの時間は、各エクササイズの時間と同じくらいとるようにします。
- 呼吸に意識をあわせて、呼吸を止めないようにします。
- 疲れているときや急いでいるときでも、エクササイズのあとのクールダウンは行うようにしましょう。

エクササイズを始める前に上の条件すべてを満たしている人はほとんどいないでしょうが、身体のほかの部分のエクササイズと違って、顔のエクササイズには特別な道具も、服も、集合場所もいりません。事実上、いつでもどこでもできます。交通渋滞で。行列待ちのときに。机の前で。そしてバスルームでも。

多少はヘンな表情をしていることもありますが、困惑したりおもしろがっている見物人が、顎のたるみや深くなってきた笑いじわに気づいたとき、最後に笑うのはあなたなのです。

エクササイズの前後

身体のどの部分のエクササイズをするときも同じですが、まずウォームアップをして、終了後はクールダウンをすることが大切です。ウォームアップをすると、これから使う筋肉の緊張をほぐして血行やリンパの流れをよくするのに役立ちます。また手早いクールダウンを取り入れれば、痙攣や痛みが発生するのを防げます。顔も例外ではなく、次のページから始まるエクササイズも、下に掲げる運動をエクササイズの前後に行えば最も効果があがるでしょう。

◎ウォームアップ：立つか、背中を伸ばしてすわり、両腕を身体と平行に肩の高さにあげます。肩を軸にして、腕全体を、小さな円を描くように前方向に10回まわします。同じ動きを後ろ方向に行います。これを一方向につき3回から5回繰り返し、繰り返すごとに円のサイズを大きくします。こうすると喉と首のあたりがほぐれて、血行がよくなります。

◎クールダウン：ウォームアップと同じ動作を繰り返し、それから頭が膝につくくらいにだらりと前に倒します。上半身全体の力を抜いて、両腕は振り子のように垂らします。深呼吸をしましょう。これはリンパの流れを一定に保つ効果があり、リンパはエクササイズのあいだにできた可能性のある毒素の排出の役割を担っています。

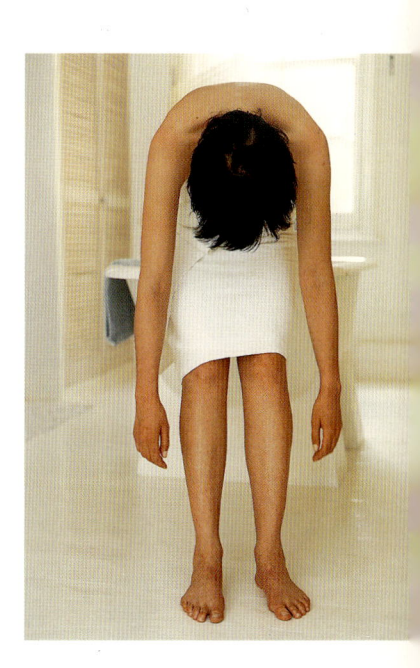

エクササイズの方法

　これから挙げるエクササイズをすべてやる必要はありません。気になる箇所を4つか5つ選んで、それぞれに1分以上かけることはありません。最初は鏡と、この本を立てかける書見台を使って家で練習します。なにも見ないでもできるようになれば、いつでもどこでも5分間の時間が見つけられるときにエクササイズできます。

額(左の写真)
　額を横切っている前頭筋に働きかけます。額に水平にできる横じわを防いだり、目立たなくするのに役立ちます。
1. 前頭筋の位置を確認するのは簡単です。眉をあげればいいのです。
2. 両手を組んで額にあて、指先を内側に向けて押します。この筋肉は両端が骨についていますので、怖がらずにしっかり押しましょう。両手の圧力に逆らって、筋肉を頭皮に向けてあげます。5秒間そのままにしてから休みます。これを4回繰り返します。
3. 眉の筋肉をほぐすには、目を閉じて10〜15秒間、寄り目にします。これを3、4回繰り返します。

目(右の写真)
　眼輪筋に働きかけます。垂れ下がった瞼に効果がありますし、笑いじわの発現を遅らせ、すでにあるしわについては目立たなくします。
1. 目を閉じて、そのまま目に力を入れてじっと見つめるようにします。そのとき感じるのが各々の目のまわりを走っている環状の筋肉です。
2. 目を閉じたまま、ぎゅっとつぶり、鼻のつけねにしわを寄せるようにし、瞳孔を寄せて寄り目にします。2、3秒間そのままにしてから、今度は思いきり大きく目をあけて、すぐに決まった点をじっと見つめて、瞳孔を真ん中に戻すようにします。
3. 10〜15回、素早く繰り返しまばたきをします。それからもう一度静かに目を閉じます。瞳孔が普通に戻るような感じがするまでそのまま待ちます。

1

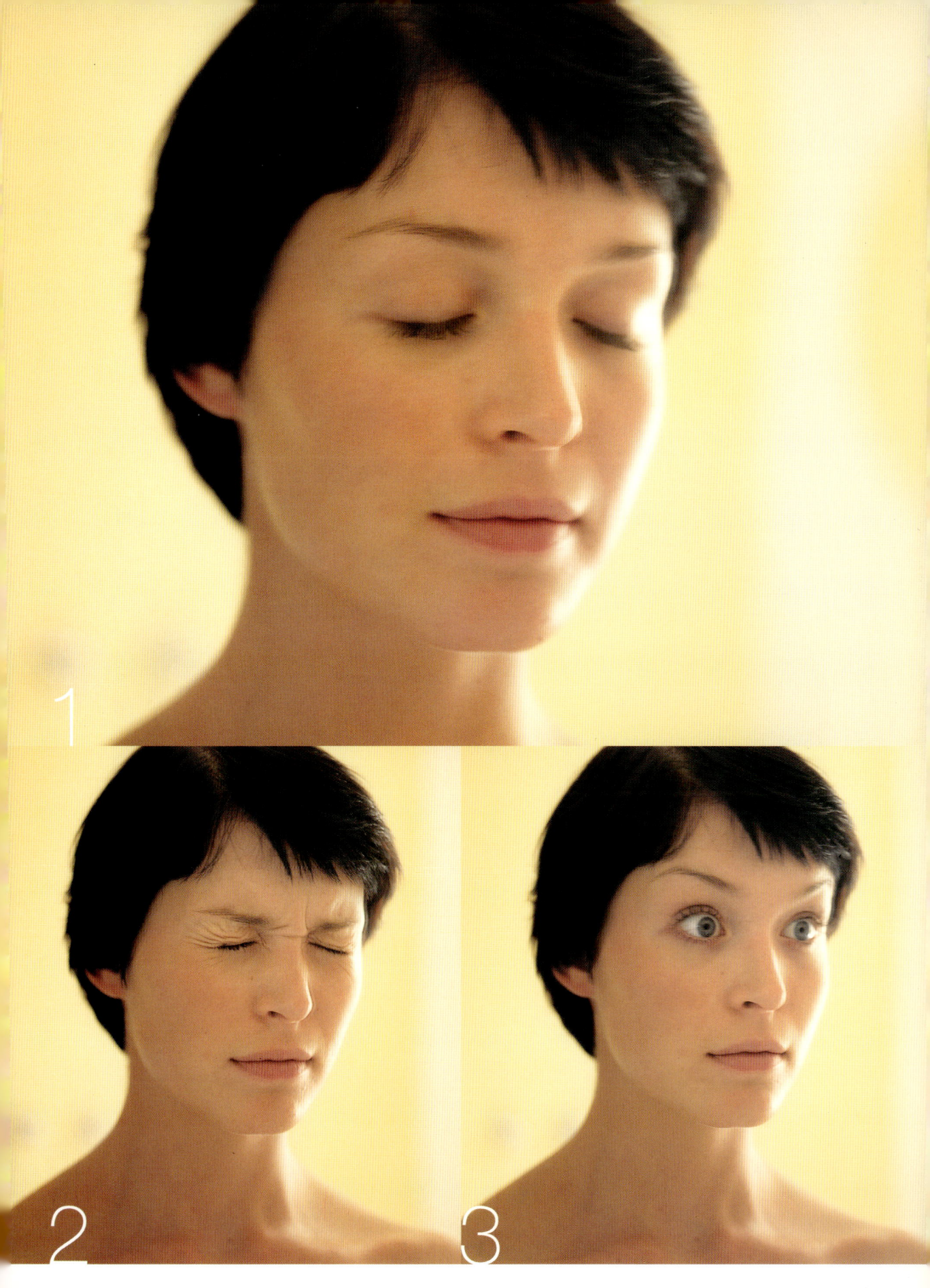

2　3

顔を引きしめる　**59**

1

2

3

鼻（左の写真）

　鼻筋という鼻の主要な筋肉に働きかけます。この筋肉は糸切り歯が固定されている骨につながっています。筋肉をひきしめ柔軟に動けるように保ち、鼻が広がる（加齢とともにその傾向があります）のを防ぎます。

1. ゆっくりと深く息を吸いながら、鼻をふくらませます。鼻を引っ張って軽く鼻をかみます。息をはきながら鼻腔をせばめます。これを6、7回繰り返します。
2. 鼻腔を親指と人差し指でやさしくつまんで、上記を繰り返します。息をゆっくりと鼻から出して、胸が沈むのを感じられるようにします。
3. 人差し指で鼻の頭を上に押し当て、それから親指と人差し指でつまんで引っ張り下げます。4、5回繰り返します。

口と顎（下の写真）

　下唇を動かす下唇下制筋と小さな三角形のおとがい筋に働きかけます。口角と顎が垂れ下がるのを防ぎ、あごのたるみを引きしめます。唇の輪郭や唇の色もキレイにします。

1. 上の歯と下の歯をあわせたまま唇を開きます。口角を横に引っ張って、下の前歯が見えるようにします。
2. 両手の人差し指で両端の口角を押して、筋肉を使って指の力にさからって口角を下に引っ張ります。
3. 口を少しあけて、頭を軽くふり、顎のあたりの緊張をほぐします。

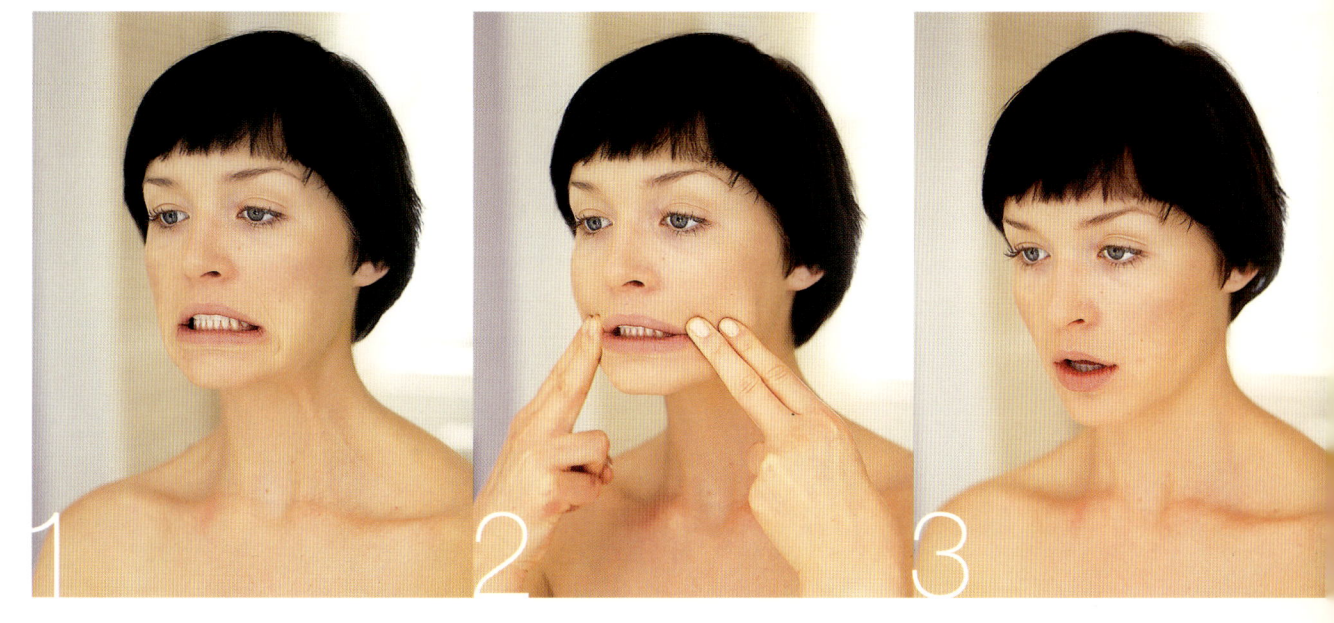

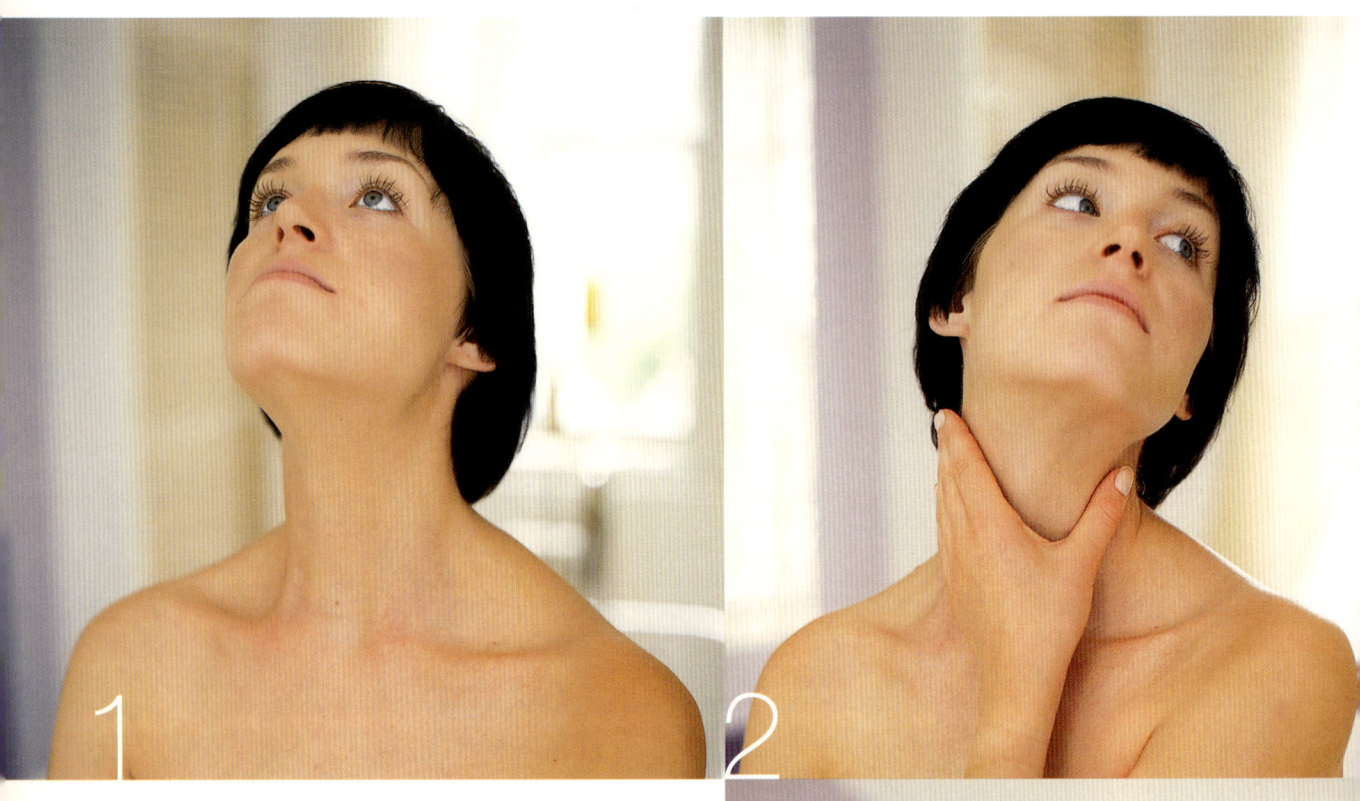

首

　喉仏の両側を走っている4つのおもな筋肉に働きかけます。喉を引きしめ、胸の組織を持ち上げ、顔全体の血行をよくします。

1. 頭をそらして下顎を突き出します。顎を前に出して、下の歯が上の歯に重なるようにし、首の筋肉がじゅうぶんに伸びているのを感じてください。胸に残っている空気をはきだします。
2. 首を、左右の肩の向こうを見るようなつもりでまわします。親指と残りの4本の指とで首を押さえて、もう一度頭を左から右へと動かします。
3. 頭を前にゆっくり倒して、静かにうなずくように前後に動かし、それから左右に数回動かします。

気になる箇所の特別なエクササイズ

額のしわ
　前頭筋の中央部分に働きかけ、額に水平にあらわれるしわをなめらかにするのに役立ちます。
1. 眉をあげ、目を大きく開いて、目の前の一点を集中して見つめます。
2. 人差し指と中指または薬指の先で、眉のすぐ上を押して、その圧力に逆らうように眉をあげます。
3. 両手の3本の指を、各々の眉の上に軽くあてて、頭をやさしくふります。

顔を引きしめる　63

口角のしわ（右の写真）
　　上唇挙筋に働きかけます。鼻腔の外側から口角にかけてできるしわを目立たなくします。
1. 口角と上唇を挙げて、口を2センチほどあけて、唇の上を伸ばしながら持ち上げて前歯にかかるようにします。
2. 空気を頬の片側に吸い込んで、吸い込んだ空気を反対側の頬に動かします。それから両側の頬、上唇のうえのあたりに空気を吸い込み、縦じわも横じわも見えないようにします。空気を「くちゃくちゃと噛み」ます。5〜10回繰り返します。
3. 唇をそっと閉じて、それから1センチくらいあけて、しゃぼん玉を吹くように静かに息をはきだします。

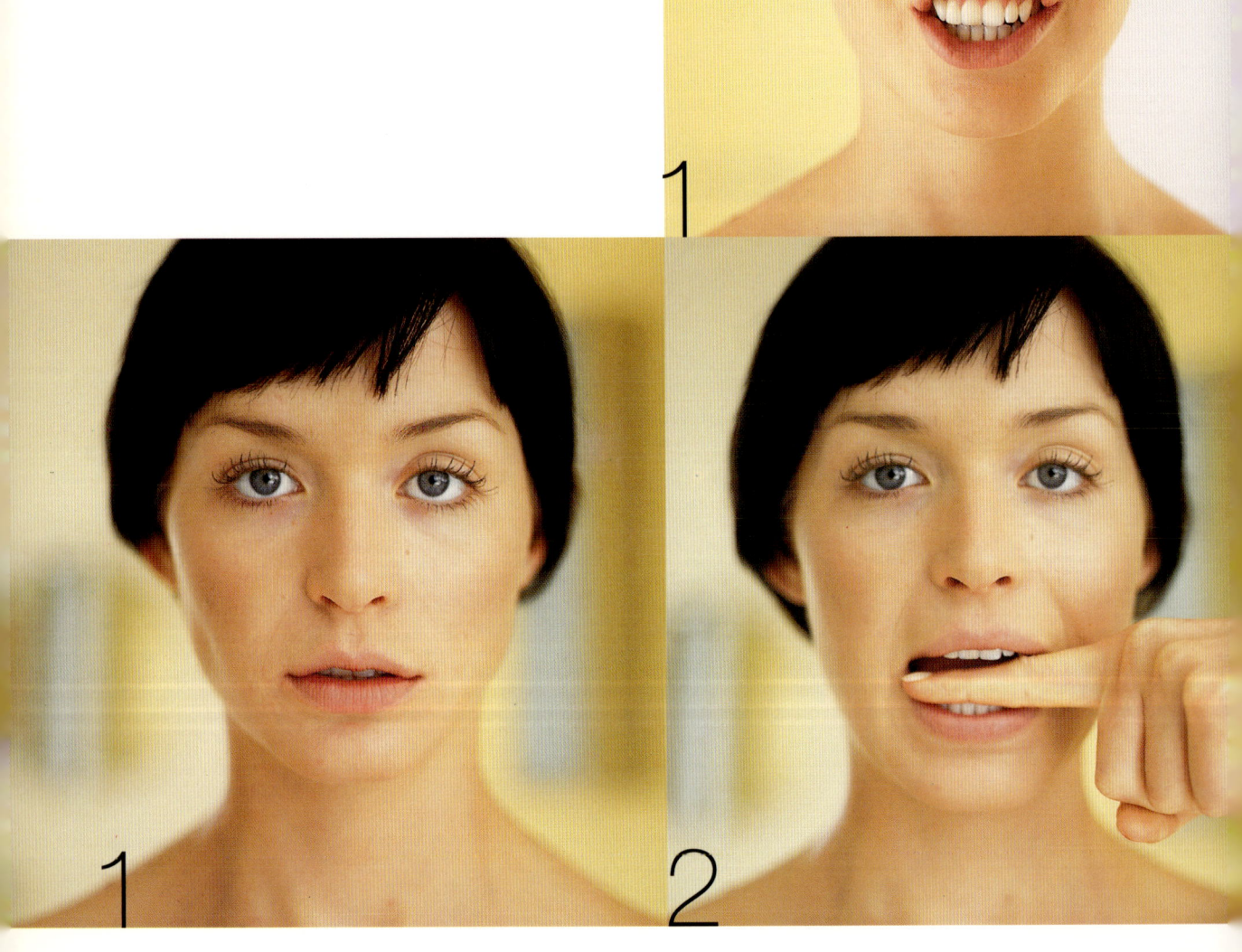

2

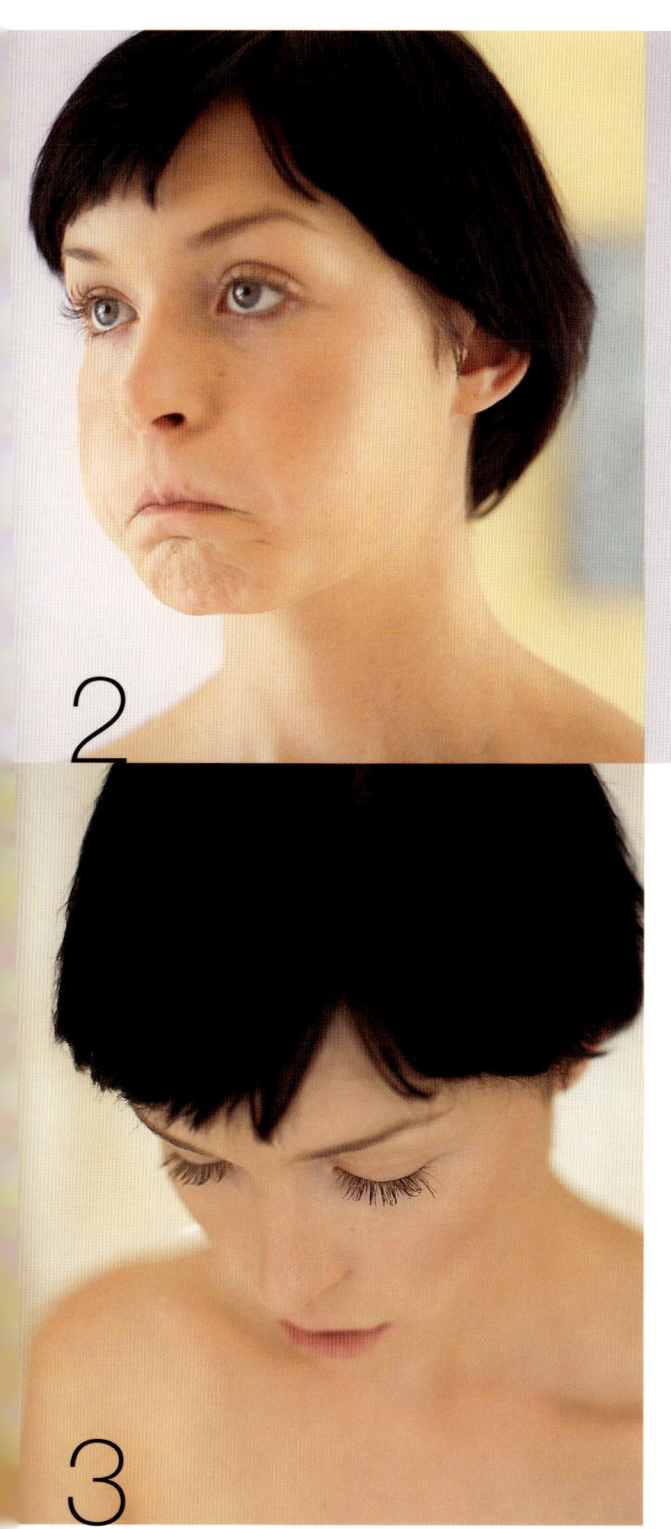

3

3

たるんだ頬（左の写真）

　ものをかむときに使う咬筋に働きかけます。横から見た頬の輪郭を形よくし、たるみを引きあげます。

1. 奥歯をぎゅっと食いしばり10〜20秒間そのままにして、少しずつ圧力を加えていきます。筋肉が緊張するのを感じてください。
2. 下の歯のうえに人差し指をおいて、指はしっかりおいたまま、下の歯をさからうように引き上げます。10秒間そのままにします。
3. 頭を前にさげて、首の力を抜き、「いいえ」というときのように頭を左右にそっと泳がせます。

1

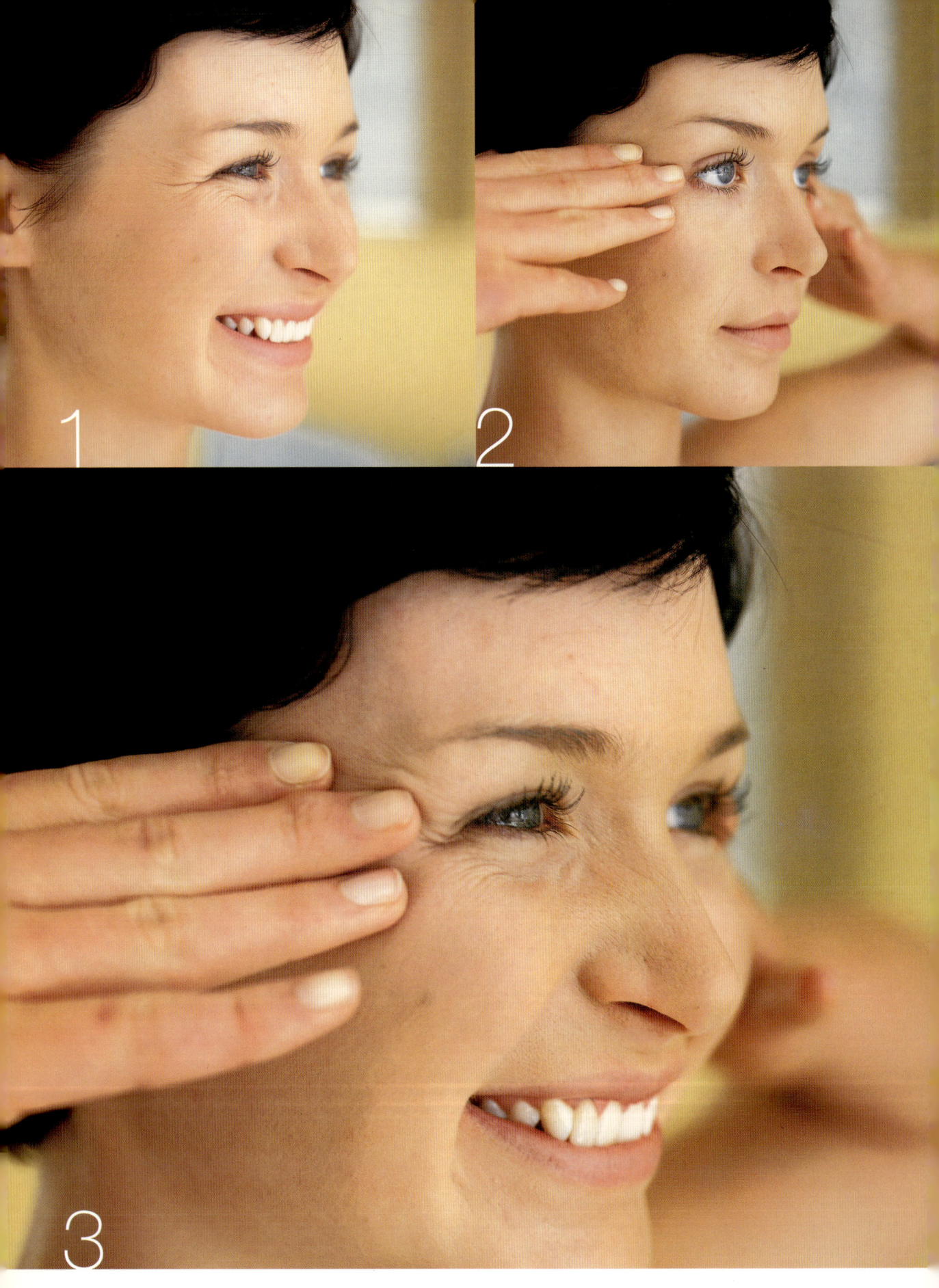

2

3

笑いしわ（左の写真）
　眼輪筋の外側に働きかけます。眼輪筋は、笑ったり微笑んだりすると縮む筋肉です。
1. 目元にしわが出るようにして、目の外側に笑いじわがはっきり見えるようにします。
2. 両手の真ん中の3本の指を、内側に向けて、笑いじわがあらわれる位置に水平におきます。
3. 指先の圧力にさからうようにもう一度目元にしわがよるようにします。

眉間のしわ（右の写真）
　しかめつらをしたときに眉間にできる縦じわをつくる皺眉筋に働きかけます。
1. 思いきりしかめつらをしてから、くつろいで筋肉をほぐします。
2. 両手の真ん中の3本の指を、側頭筋のうえ、各々の眉の外側のうえに置いて、もう一度しかめつらをして、指が引っ張られるのを感じるようにします。
3. 目を閉じて、筋肉に軽くあてた指先を震わせて、筋肉を揺らします。

二重顎(下の写真)

　胸骨につながっていて、ものを噛んだり顎を突きだしたりするときに緊張する胸骨下骨筋に働きかけます。
1. 頭をまっすぐにして、肩の筋肉を緊張させます。舌を巻いて口蓋(こうがい)にあて、喉の方に向けて、舌を飲み込むようなつもりで逆方向に押します。この動きをすると皮膚が伸びすぎるような気がするときは、少し口をあけます。
2. 飲み込むような動きをします。4、5回繰り返します。
3. 頭を下げて、口を少しあけ、下顎の力を抜いたまま、ゆっくりと頭を左右にふります。

上唇のしわと頬のたるみ(右の写真)

　唇の周囲にあり、唇をとじたときのしわをつくる口輪筋に働きかけると同時に、微笑むときに口角をあげる上唇挙筋にも働きます。
1. 唇を前に突き出してキスするような形にします。
2. 中指を唇にあてて繰り返します。
3. 馬のようにブルルと唇を吹きます。

顔を引きしめる **69**

汚れと毒素を取り除く

汚れと毒素を取り除く **71**

毒素が肌のトラブルに

　肌を清潔にするというと、ほとんどの人がコットンと洗顔料が関係すると考えています。驚くにはあたりません。化粧品会社は、次から次へとスキンクレンジングと称して新しい液体を生産しています。石鹸ではない固体、泡立つ洗浄剤、毛穴クレンジングテープ、クレンジングジェル、などなど。これらはみな、特に30代から40代の人への急激な売り上げ増に貢献してきました。洗顔剤は、現在、英国内のスキンケア製品の売り上げの4分の1を占め、毎年その売り上げは伸びています。

　洗顔剤は普通、鉱物油に水、アルコール、抗菌剤、保存剤、増粘剤、香料、それに蝋を加えてつくられます。よく使われる有効成分には、プロピルパラベンという、抗菌効果があるものの接触皮膚炎の原因になるものや、アラントインという湿潤剤になるものの肌を刺激する可能性のあるもの、それにプロピリングリコールという、保湿剤である一方、過敏症を引き起こす可能性があり、禁止するよう提案されているものなどがあります。洗顔剤は肌からホコリを取り去りますが、化学的な犠牲をともなうのです。

　さらに重要なのは吹き出物の手当てに軟膏を使うように、そういった洗顔剤はすべて外側からのスキンケアをうたっていることです。アレルギー性の発疹は食物に対する反応が症状に出ていることがよくあるように、肌の問題はなにか内側で問題が起きている証拠です。よい肌とは基本的に健康な血液が真皮に流れこみ、毒素のある老廃物がきちんと濾過され排出されている結果なのです。

　もしも肌に流れこむ血液の量が不足すれば、あるいは血液が多くの毒素を運んでいたり、蓄積された老廃物が素早く濾過されなければ——いいかえれば、もし循環系に栄養が不足していたり、負荷がかかりすぎていたら——肌にトラブルがあらわれます。それは、毎日の吹き出物、黒い頭のニキビ、まだらのシミといったもので、簡単な局所用手当てをすればすぐに消えてしまうものかもしれません。しかし、それらはみな、肌がストレスを受けているという徴候であり、他の器官と同じように、肌もストレスを受けると、より早く年をとっていくのです。

負担のかかりすぎる器官

　皮膚は身体のなかでもっとも大きい排泄器官で、水分や尿素、アンモニア、尿酸、それに塩を毛穴を通して表面に排出します。しかし、老廃物の排泄の責任を持つのは、おもに肝臓、腎臓、それにリンパ系です。そして、それらの器官に負担がかかりすぎて、仕事を完遂できないときには、余分の処理されていない毒素のゴミ捨て場として皮膚が使われます。

　皮膚が、身体の循環と体内浄化システムの健康状態を反映しているとしたら、一般的な肌のトラブルが増えているのも驚くことではありません。脂肪分の多すぎる食生活、座りがちの仕事、化学的に処理された食物と大気汚染にさらされた生活——20世紀後半の生活を特徴づけるあらゆること——が身体から老廃物を運びだす体系をだめにしているのです。

　私たちの身体は、今までにこれほど丈夫だったことはありません。5万以上の工業用化学物質が定期的に空中に放出され、3億5千万リットル以上の農薬、除草剤が食物や牧草地に毎年ばらまかれています。

　もちろん、私たちはそのすべてを摂取するわけではありません。それでも汚染された空気を呼吸した回数や、薬を飲んだ回数、水や食べ物の形で消化した農薬や成長ホルモンや食品添加物をすべて足せば、十分な警鐘となります。そしてこれには、推定8千〜1万といわれている市販されている化粧品から皮膚に吸収される可能性のある毒素は含まれていないのです！

　最近になって怖がられ、論議されている毒素ですが、これは決して現代だけの現象ではありません。自然なものが腐敗するときの副産物だろうと、食物の消化の結果であろうと、毒素は常に身体のなかに入りこむ方法を見つけてきました。ですからこれに対処する洗練された体系もあります（下記参照）。肝臓もリンパも賢いものですが、現代の多くの人びとが直面している毒素のうち、かなりの数を処理できないでいます。

　さらに、私たちの体内浄化システムは、時がたつにつれて遅くなります。——これが毒素が肌にトラブルを起こす理由で、肌荒れから腸の不調まで年とともに増加する傾向があります。

不完全なフィルター

　血液を濾過しても取り除かれなかった毒素は、肌に対しておもに2つのトラブルを引き起こします。まず、毒素の多くはフリーラジカルを生成します。フリーラジカルは酸素を破壊する分子で、加齢のプロセスを促進し、結合組織の破損を引き起こして、皮膚を薄くし、筋肉を失わせます。次に毒素は血行を悪くして、さらに蓄積されることになります。

　この影響は特に顔にあらわれがちです。東洋医学では、肝臓がうまく働かない結果として眉間に深いすじが刻まれ、腎臓の機能が衰えていると目の下の隈がふくらむ、とされています。吹き出物も毒素が蓄積された結果のひとつです。

　ですからあなたが繰り返し起こる肌のトラブルをかかえていたり、思っているよりも自分の肌が年をとって見えるならば、循環システムを改善して、体内浄化作用を高めるような方法のあれこれを試す価値があります。

体内浄化の二重作用

　有害な物質が体内に入ったり、体内で生成されると、肝臓とリンパがすぐに行動に移ってその物質を中和し、排出しようとします。肝臓は、新陳代謝やエネルギーとして、身体が燃やすのに使った物質の処理を担当しています。新陳代謝は、火のように物質を燃やし、同時に有害な煙をつくりだします。肝臓ではこの「煙」の成分を身体が利用、蓄積、排出する物質に変換します。

　これは2段階に分けて行われます。ゴミを収集するばかりにする段階と、それから持っていく段階です。最初に、肝臓にある酵素が有毒な分子にくっついて分子の活動を抑えます。それから肝臓は分子を生成して、その分子が老廃物を血液の流れに戻して腎臓でさらに濾過するか、胆汁に運んで消化をとおして排泄させます。

　一方リンパ腺は、死んだ細胞やその他の老廃物を吸収する白血球を含むリンパ液をつくりだします。リンパ管の中のリンパ液は、リンパ節へと運ばれ、そこで老廃物の一部は破壊されます。残りは皮膚、肝臓、または腎臓に運ばれて、汗や便、尿となって排泄されます。

　肌のトラブルは、リンパ液の流れが停滞している最初の徴候のひとつです。トラブルはいろいろな形をとりますが、人生後半においては乾燥、うろこ状のシミ、浮き出る細かい血管、目の下の隈のふくらみ、などの形をとってあらわれます。

74

毒素退治3つのステップ

体内浄化の原則は2つのレベルで作用します。最初に、血液とリンパから、動き回っている有毒な「おり」を一掃しなければなりません。これによって、有毒物質を避け、内臓に休みを与え、リンパが老廃物を効率よく排出するよう刺激することになります。第2に、血行をよくする必要があります。2つのプロセスは相互に関係していて、血液とリンパの機能が改善されれば、有毒物質は一掃されますし、その逆も成り立ちます。最後に肌の表面にある死んだ細胞や毒素を取り去れば、その結果ますます輝くことになるでしょう。

理想的には、体内浄化とはあらゆる汚染物質の摂取をさけることです。しかしながら濾過マスクを人体に移植でもしない限り、現代にそんなことをするのは不可能です。多くの毒素を取り除くひとつの方法は、体内浄化作用のある食生活と循環系統の機能を促進する方法を平行して取り入れることです。

方法のひとつとして、無毒化（デトックス）はやってみる価値があります。最初は、毒素が表面に浮かび上がってくるので、肌のあちこちに吹き出物が出てくるかもしれません。けれども1カ月以内に、新しい、輝くなめらかな肌にとってかわるでしょう。表皮の細胞が完全に入れ替わるには約4週間かかりますので、辛抱強く待つことです。

循環機能を改善する

循環機能を改善する方法はたくさんあり、日常生活に簡単に取り入れることができるものもあれば、行うのにちょっと努力を必要とするものもあります。下に掲げるリストのうち4つか5つを定期的に行うことから始めましょう。すぐに肌が感謝して輝くことでしょう。

◎ボディブラシで乾いた肌をこする：しっかりしたブラシで身体中をブラッシングすると身体の内側にも外側にもいいことがあります。血液とリンパの流れを刺激し、より多くの酸素と栄養を皮膚の表面に運ぶと同時に、老廃物をリンパ節と皮膚を通して排出します。表皮の死んだ細胞を取り除くので、皮膚呼吸がらくになり、新しい細胞の再生も促します。年齢とともに少なくなる、皮脂の生成も刺激します。結果としてよりなめらかな柔らかな肌になります。

身体用に、しっかりした自然素材の剛毛のブラシ（山羊や豚毛など）を用意します。取り外し可能な長い柄がついているのが望ましいでしょう。そして顔には柔らかなブラシかタオルを用意します。

両足から始めて長いしっかりとした動きで、両脚を、それからお尻をこすります。両腕にあがって、手首から肩にかけてこすり、それから胸と胃のあたりに映ります。皮膚が薄いところではより優しくこするようにします。ブラシはいつも心臓に向かって動かすようにします。心臓がリンパ節の最も集中するところだからです。ブラッシングをすると、リンパ節にある悪影響を与える粘液を柔らかくして流れやすくします。

足から上に向かって移動してきたら、顔が最後になります。柔らかいブラシか乾いたタオルを使って、今までよりも柔らかく短い動きでおこないます。きびきびとした動きでこすれば肌が伸びますが、そうでなければ顔の肌にダメージを与えてしまいます。

毎日3〜5分間ブラシをかけるようにし、できれば入浴かシャワーの前にすると、死んだ細胞を洗い流すことができます。血液の流れを促進すると、気分が爽快になりますので、朝にできると一番いいでしょう。2、3回行えば、肌に目に見えてわかるほどの違いがあらわれます。

◎エプソム塩（瀉利塩）を入れた入浴：エプソム塩を入れた風呂は、循環機能を刺激するとともに、毒素の除去を助けます。マグネシウム塩が身体から毒素を引きだし、毒素は皮膚から浸出してきます。エプソム塩は薬局や健康食品店で求めることができます。

深めの温かい（ただし熱くはない）風呂に、1キロの塩を入れ、溶けるまでお湯をかきまぜます。風呂に10〜15分間つかって、ヘチマかバスミットで自分の身体をマッサージし、風呂につかる効果をさらに促進します。風呂からあがったら、手際よく身体を乾かして、身体を暖かく保つような服を着ます。かなり汗をかいて、とても疲れたように感じるかもしれないので、できればこの風呂は夜にするといいでしょう。顔に水分を与えることを忘れずに、眠るときにはベッドのわきに大きなコップ1杯の水をおくようにします。

体内浄化期間に1週間に2度行うようにしますが、生理期間中とその前は避けます。出血量が増えることになるからです。

◎エッセンシャルオイル：特定のエッセンシャルオイルは、身体の循環機能と体内浄化作用の促進を手助けします。手を使って皮膚への血行を促進し、熱を発して吸収しやすい状態にするマッサージのときに塗るのが一番です。

循環機能を最も効果的に刺激するのは、シダーウッド、サイプレス、ブラックペッパー、ゼラニウム、ローズマリー、それにシトラス系のオイル全般です。これらをすりこむと、皮膚の下にある毛細血管を広げる効果があります。ローズマリーはリンパも刺激し、ジュニパー（杜松子）には、肝臓の働きを刺激する効果がありますので、一石二鳥を狙うなら、体内浄化期間にこれらを使うようにします。ただし量はほどほどに。使いすぎると腎臓や肝臓を過度に刺激することになるからです。ベースオイルで十分希釈してあるときや、浴槽に4、5滴以内を垂らした状態のときには、顔に使っても安全です。

毒素の排泄を促すマッサージ

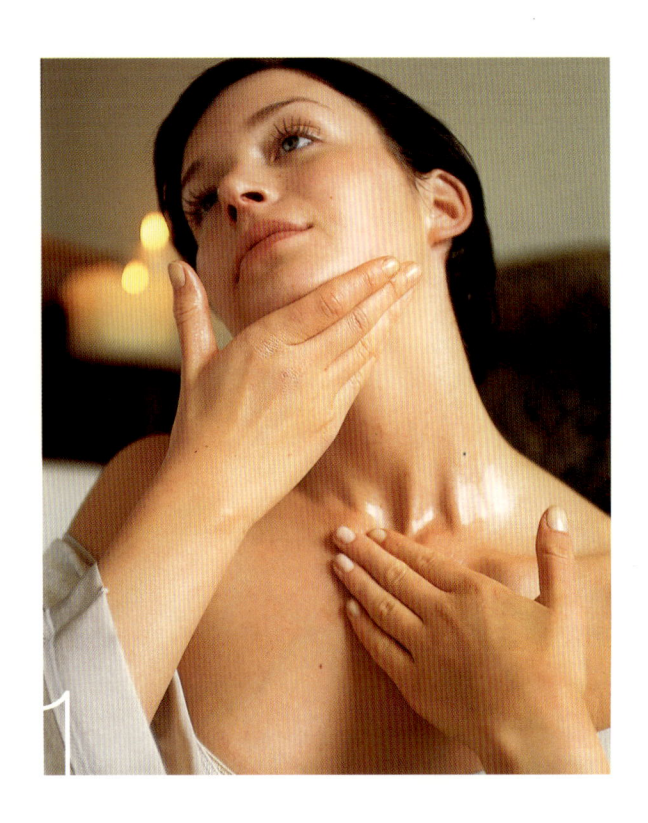

◎**リンパの排出**：これは名前が示すとおり、リンパ系を刺激して、毒素を消してしまおうという、マッサージの一種です。普通は、首、腋の下、股間、膝の裏、両腕の関節等にある主要なリンパ節に働きかけるもので、プロのマッサージ師の手によって行われます（参照→P.123）。

しかし、リンパ節の約半分が首のあたりにあるので、手先を使って短い時間、自分に向かって排泄作用を促進するマッサージをすれば、顔に直接的な影響があるでしょう。

1. 小さじ1杯分のオイルを両手のひらでこすってから首と顔に、長く続くすうっと掃くような動作でつけます。それから両手を順番に使って、首から顎の骨まで上方向にすべらせていきます。両耳の間の首全体に塗り、気管の上は軽くなでるようにします。
2. 人差し指を唇のうえに、中指を唇の下にして、軽く押してから両手を外側、耳の前まですべらせます。
3. 指をそろえて、両手を上に向けて手の側面でしっかりと鼻と口の脇を押さえます。手の力を少しゆるめて、頬の方に両手を転がし、手を外側、耳の前まですべらせ、最後にもう一度しっかりと押します。
4. 両手の人差し指と中指を使って、眉の内側の角から始めて、眉のうえをしっかりと外側にすべらせます。
5. 直前の動きから続けて、人差し指と中指を軽く内側、目の下の方向へとすべらせます。
6. 目を閉じて両手の指をそろえ、両手全体を使って顔をしっかりと押し、1秒間そのままにしてから離します。鼻から耳まで、顎から額の生え際まで、顔全体を覆うようにします。
7. 手を少し丸めて顔にあて、目を閉じて1分間休みます。

リンパの排泄マッサージのあと、首の腺が少し膨らんでいるように感じるかもしれません。これは、毒素がリンパ節に移って、これから排出されることを意味しています。

このマッサージは、素早く効果がでるので、体内浄化期間は毎日行うようにしましょう。

◎**ハーブの助け**：血行を刺激するものから、肝臓の体内浄化作用を助けるものまで、さまざまな種類のハーブがあります。ほとんどがエキスか錠剤の形で摂取することができますが、なかにはハーブティーや、料理にまで使えるものもあります。

最も定評のある血行促進剤はイチョウ、ノコギリソウ、ローズマリーです。このうちのどれかとショウガを一緒に使うと、効果がさらにあがるかもしれません。ショウガはハーブの有効成分の生物学的利用能力を高めると信じられているからです。

ちょっとしたハーブでも強力なクレンザーとなることがありますが、まずは少量からつかってみるのが賢い方法です。大量の毒素が一気に排泄されて不愉快な反応を引き起こす可能性があるからです。ハーブの専門家か健康食品店のアドバイスをきくようにしましょう。

汚れと毒素を取り除く **77**

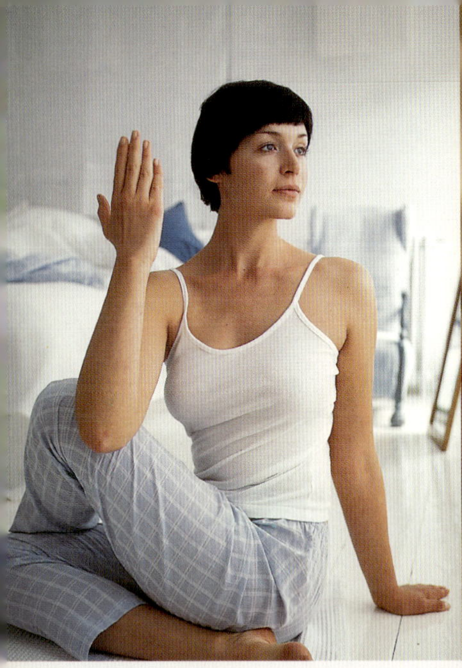

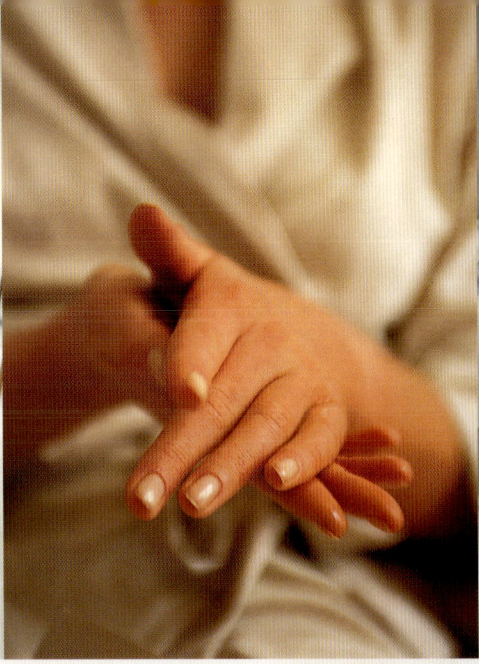

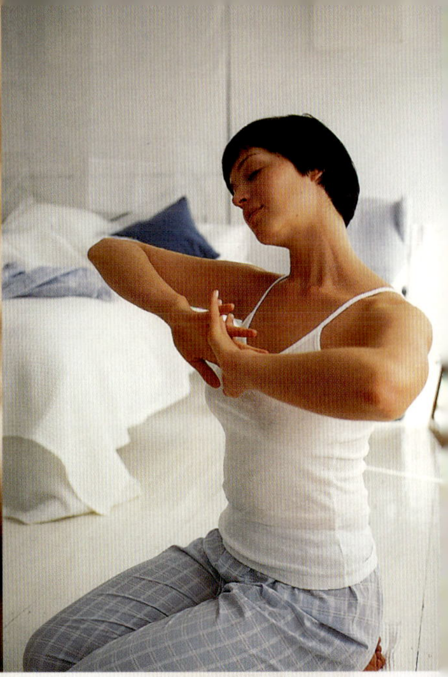

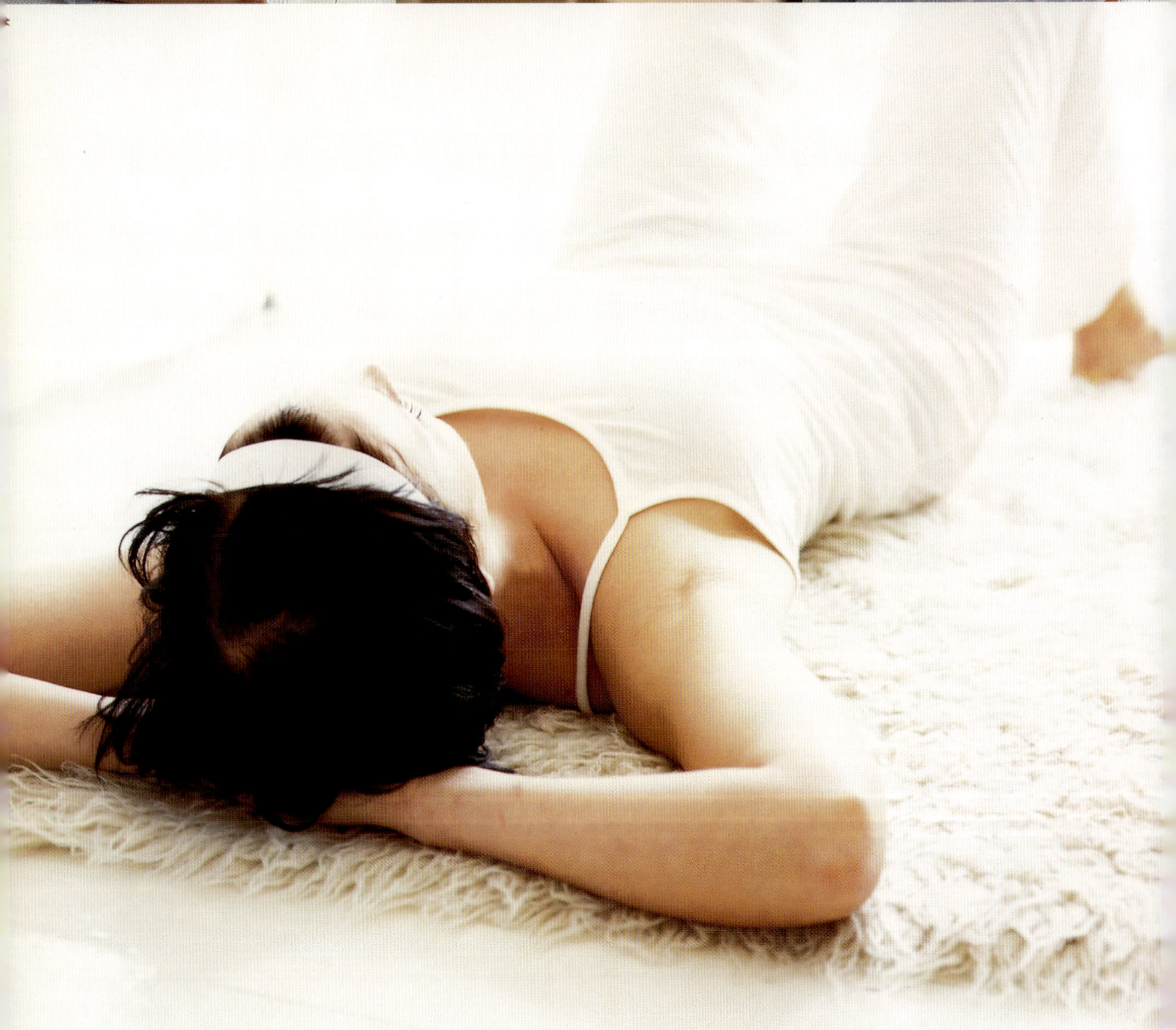

体内の流れを活発に

◎**エクササイズ**：エクササイズを始めると数分後には、私たちの多くは恥ずかしいくらい真っ赤になっています。これは私たちの自尊心にとっては悪い知らせかもしれませんが、肌にとっては一般的によい知らせです。

エクササイズは、他にないくらい循環機能を促進するのに効果的な方法です。というのも、すぐに効果があるうえ、長期にわたっても効果があるからです。実際、加齢とともにおこり、肌にもあらわれる、ゆっくりとした循環機能の衰えは、平行して精力的な活動が減少していくことに原因があるのです。

エクササイズを始めると、皮膚への血液の供給は最初は減少しますが、これは身体が運動している筋肉にいろいろなものを供給しているからです。やがて身体が温まってくると、皮膚の表面へ多くの血液を供給して、身体の中心を冷やそうと動きはじめます。全体のプロセスは驚くほど効率的です。エクササイズを始めて数分以内に心拍数は3倍になり、血液の量は7倍に、そして酸素の量は20倍になり、肌の最も小さい毛細血管にまで行き渡るようになります。

エクササイズをすると、肺からより多くでる空気や、皮膚から流れる汗に混じって毒素が多く出ることになり、身体を浄化するのにも役立ちます。汗をかくと肌の老廃物をきれいにするだけでなく、肌をなめらかにします。肌が加齢によって乾くことを思うと価値のある機能です。

エクササイズはリンパの流れに非常に有益です。血液の場合は、心臓が身体中に血液を押しだしてくれますが、リンパには体内にポンプがありませんので、その流れを保つのには、身体の動きに頼っています。

体内浄化用食事を始めて最初のうちは、激しい運動は控えましょう。身体が利用できるエネルギーすべてを、食生活の変化と抵抗に協調していくために消費できるようにします。毒素を移動させるのに役に立つ、穏やかなストレッチングだけが、その時期に必要なことです。

◎**深呼吸**：エクササイズをすれば避けることのできないこと、それが深呼吸です。しかしそれ以外のときには、私たちのほとんどは浅く表面的な呼吸をしていて、肺の能力の3分の1程度しか使っていません。私たちの循環系は、それに合わせてしまって、細胞は再生産するのに最適な量の酸素を十分に受け取れないままになってしまいます。結果としていろいろなことが起こりますが、肌は生気を失います。深呼吸ときいて私たちがよく心に思いうかべるイメージに、キーキー声の体育教師が子供に胸から思いきり息をはいて、胃のなかに思いきり入れるんですよ、と言っている姿があります。そのような姿勢は腹部の動きを制限し、肺が広がる空間を狭くするだけですから、十分な酸素を取り入れられないばかりか、不要なものも十分に吐きだせないことになります。

肺の機能を最適にするには、胃をラクにして、鼻からゆっくりと息を吸います。胃の奥に空気を入れるような気持ちで。こうすると横隔膜から力が抜けます。それから同じようにくつろいだ気持ちで、口からゆっくりと息を吐きます。こうすると簡単に毒素を排出することができます。深呼吸をすると血行がよくなり、リンパの流れが改善して、また体内浄化メカニズムを刺激することにより肝臓がマッサージされます。呼吸のエクササイズについては118ページも参照してください。

◎**水療法**：実際には、冷水浴の婉曲語法で、結果が肌にあらわれるまでは友人には話さない方がいい習慣といえるでしょう。頭がおかしくなったと思われるかもしれませんから！

冷水に入浴するというのは、美容のための儀式というより精神的苦行のように思えますが、循環系には驚くほどの効果があります。3〜5分間、冷たい水につかっていると、血液の流れが4倍になります。自分では気づかないかもしれませんが、リンパの流れも同じように速くなっています。

動脈を拡大するほかに、冷水浴をすると、循環している毒素を破壊する白血球を身体が生成する量も増大しますので、免疫系が改善され、カロリーの消費が速くなり、自分がより精力的に感じられるでしょう。

うれしいことに、水といっても凍るほど冷たくする必要はありません。実際、十分耐えられる20℃ぐらいから始めて、ゆっくりと時間をかけて下げていき、15℃に慣れるぐらい（慣れるようになるものです！）までやります。入浴が理想的ですが、シャワーでも似たような効果が得られます。どちらにしても息を止めないようにします。息を止めると、身体が冷たさに適応しようとするのを妨げることになります。

顔を軽くたたく

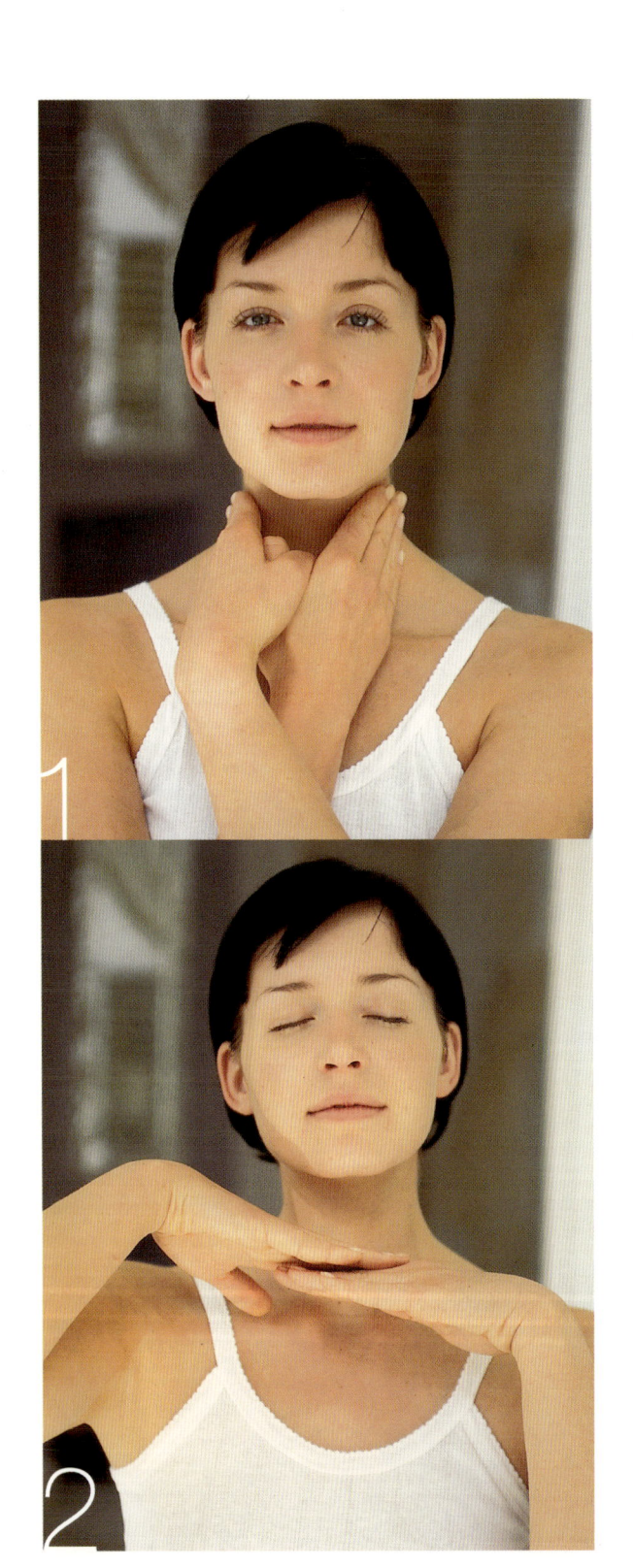

◎**顔への循環を増大する方法**：時には冷たいシャワーをさぼって、ローズマリーオイルも切らしているようなときでも、循環機能を急いで回復したいことがあるでしょう。顔を軽くたたくというのが、顔に血行をもたらす一番いい方法で、マッサージ師がよく使う方法でもあります。プロは「叩打法（こうだほう）」と呼んでいます。次の3分間の手順を試してみてください。

1. 両手を首の前で重ねて、指を平らにそろえて、反対側の首を軽くたたきます。首の根元から顎に向かい、気管は避けます。
2. 手の甲を上に向けて顎の下4センチのところで止めておきます。右手の甲を使って、顎の下のあたりを素早い、上方向の動きでたたきます。左手は、右手の「止め具」として使います。
3. 指をそろえ、両手を使って、顔の下側の部分全体をしっかりとたたいていきます。口の上を軽くたたくところから始めて、両方の頬へ移動し、耳の前で止めます。顔の皮膚に血管の網目が見えるようなタイプの人は、ピアノを弾くときのような軽いタッチだけを使うようにします。
4. 指先を平たくして、両手を使って額全体をしっかりとたたいていきます。
5. 手をゆるくにぎって、力を抜いたまま、頭全体をノックします。たたく強さは、たたく場所が敏感かどうかによって加減するようにします。
6. 指の腹を使って、髪の生え際から頭頂に向かってゆっくりと円を描くような動きでマッサージします。頭全体をくまなくカバーします。
7. 両手を順番に使って、髪の生え際から頭頂に向かって、梳（と）かしていきます。ゆっくりと長く滑らせるように動かします。

汚れと毒素を取り除く **81**

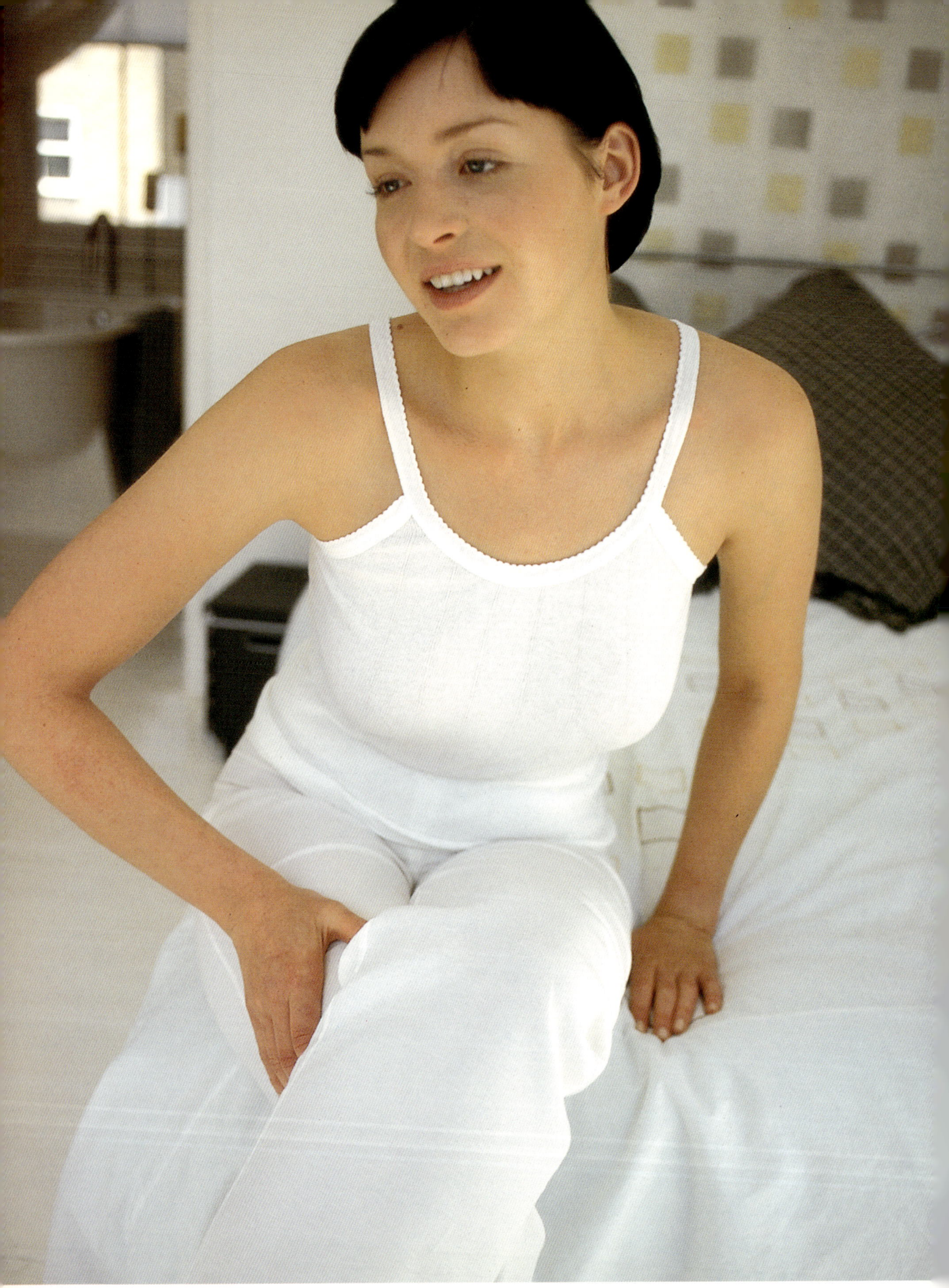

毒素を取り入れていませんか?

現在、血液のなかに環境からくる毒素を持っていない人は、どこか田舎で、私たちのほとんどが夢にみるだけの自給自足の田園生活でもおくっているのでしょう。

都市生活者は毒素を避けられないとしても、あなたの身体は自分で処理できる以上の毒素を体内に持っているのではないでしょうか。それを見つける、詳細で高価な検査もありますが、以下の食生活と環境に関する質問項目に答えるだけでも、かなりのことがわかります。それからデトックスダイエット(次ページ)をする価値があるかどうか決めてください。テストは、下のひとつひとつにあてはまれば□に印をつけるだけです。

食生活
次のものをよく食べていますか?
- □甘いスナック菓子
- □紅茶またはコーヒー
- □アルコール
- □缶に入った食品
- □揚げ物
- □燻製または保存処理をした魚・肉
- □ファーストフード
- □水道の水
- □フッ素添加した水
- □鉛管を通した水
- □市販用(有機栽培でない)フルーツ、野菜、肉

環境
次のことにあてはまりますか。
- □喫煙するまたは喫煙者と一緒に働く
- □処方箋調剤または鎮痛剤をよく飲む
- □虫歯にアマルガムの詰め物を入れている
- □エアロゾルタイプのスプレーをよく使う
- □家庭用掃除機をよく使う
- □交通量の多い道路の近くでエクササイズをよくする
- □交通量の多い道路でよく運転する
- □コンピューターディスプレイの前でよく働く
- □太陽のもとで長時間過ごす
- □ピルを飲んだりホルモン置換療法を受ける
- □高圧線用鉄塔や、発電所の近くに住む

上記のうち16以上にあてはまる人は、毒素を含んだものにふれたり、消費したりするのを、デトックスダイエットによって減らすようにしましょう。10未満の人は、このだれも逃げられない汚染された社会でかなりよくやっています。

健康な肝臓とリンパのためのヒント
- ●アレルギー反応を引き起こす可能性がある食べ物は避けること。内臓に有毒物質をつくりだして体内浄化のメカニズムにストレスを引き起こします。
- ●食べ物はよく噛んで、消化を助ける酵素を引き出すようにします。
- ●身体のなかの毒は、毒にさらされるのと同じように、肝臓が体内浄化に必要な栄養に不足しているときにも起こります。ですから、葉酸、フラボノイド、マグネシウム、鉄、硫黄、セレン(セレニウム)、それにビタミンB類(2、3、6、12)が含まれている食品をたくさんとるようにします。
- ●コーヒーや紅茶などの刺激物、アルコールなどの鎮静作用のあるものは減らします。
- ●抗酸化物質が多く含まれている食品を多くとるようにします。抗酸化物質は、自然の体内浄化メカニズムを助けます(参照→P.95の図)。
- ●どうしても必要でない限り、抗生物質や制酸剤は使わないこと。抗生物質は、内臓にある毒素を破壊する役に立つバクテリアまで破壊してしまいます。制酸剤は、完全な消化に必要な体内の酸性分まで減らしてしまいます。
- ●エキナセア、マリアアザミ、またはタンポポの根を毎日飲むようにします。いずれのハーブも血液を浄化し、肌を整える作用があるものとして定評があります。錠剤、エキス、それに味が好みにあえばハーブティーとして飲んでもかまいません。
- ●1週間に2度、活性炭を飲みます。これは炭の医療上の形態で、分子がぶつかるものならば毒素も含めて吸収します。ただし食品や薬品と一緒にとらないようにすること。活性炭はそれも吸収してしまうからです。

84

デトックスダイエット（体内を浄化する食事法）

　有毒なものを消費するのが本質的に悪いことであるならば、体内から毒素を排出する食事法はいいこと、ということになります。しかし、ほとんどの人はこの考えにぞっとするようです。
　デトックスダイエットの最初の2、3日は忍耐力テストとも言えます。わびしい食品のせいで、ふつうは疲れた感じがして、離脱症状、例えば筋肉痛や、気分の揺れ、ひどい頭痛、それに、そうです、肌のトラブルなどもあるでしょう。けれどもこれらは、体内に閉じ込められていた毒素が解放されるよい兆候であることを思い出し、そのまま続けてください。その後少しすれば、輝くように、ほれぼれするくらい気分よくなるでしょう。
　始める時期は自分で好きなように選んでください。春と夏はデトックスダイエットをするのに理想的です。新鮮な地元産のフルーツや野菜が豊富に手に入りますし、暖かさや快適さを求めるために余分に食べるという必要も少なくなります。あなたが働いているなら、金曜日に始めれば、気力の弱まる最初の数日間をオフィスのデスクで迎えるのを避けられます。
　健康的な食生活をしているのであって、精神的な悟りを探求しているのでも、完璧な身体の美しさを求めているのでもないことを忘れないでください。ですから、この食事は、バスルームの鏡にうつる自分に結果が反映されているのがわかるまで続けるだけでいいのです。
　他のデトックスダイエットのほとんどが、厳しい計画で時間の制限もきちんと決まっているのに大して、これは1週間から4週間のあいだで好きなだけ続けてかまいません。83ページの質問事項はあなたの必要度を測る手助けとなるでしょう。問題の根が深ければ、食事も長く続ける方がいいでしょう。
　このプランは7段階にわかれています。最初に1週間だけ試してみるのなら、各段階を1日ずつ行うようにします。2週間ならば各段階を2日ずつに、という具合です。当然ですが、長い間おこなえば効果は大きくなります。

◎**注意**：この食事は、ごく普通の健康な成人を対象に設計されていますので、妊娠中の人、長期にわたって処方剤を服用している人や食事制限を受けている人は、医師に事前に相談してから行うようにしてください。

第1段階

　水分だけを取ります。昔からの方法では水だけで、これはシステムを洗い流すのに最も素早く純粋な方法です。また脳の下垂体における成長ホルモンの生成を刺激し、加齢対策の力として発揮するとも考えられています。お湯にレモンをひと絞り入れると、身体の酸性を中和するのに役立ち、腸を刺激します。
　たった1日か2日のことでも、これでは厳しすぎると思うようならば、他にも補足的な効果のある水分があります。
　ハーブティーやスパイスティーは、水分だけの段階の退屈を紛わすだけでなく、役に立つ体内浄化効果もあり、循環系の刺激剤としても働きます。ハーブティーならば、ショウガ、タンポポ、フェンネル（ウイキョウ）、またはノコギリソウを選びます（残念なことに、たとえ健康によい蜂蜜でも甘味をつけてはいけません）。
　ジュースは、もうひとつの選択肢です。もしつくるなら、体内浄化作用のあるフルーツを選べばなおいいでしょう（参照→『第2段階』）。ジューサーを使えば選択の幅が広がり、ジュースの栄養効果を最大限に引き出せるだけでなく、インスタント・フェイスパックとして使える果肉もあとに残ります（参照→P.100）。
　3番目の選択肢は薄いスープで、理想的には野菜からつくったものです。しかし、ベースには生肉や魚のスープストックを使ってもかまいません。もしも28日間続けるつもりならば、これが大切になるでしょう。

第2段階

　水分とフルーツのみを取ります。フルーツは味が酸っぱくても、普通は非常にアルカリ度が高く、デトックスダイエットを始めたときにできる老廃物の酸性を中和させるのに役立ちます。繊維質も豊富に含まれているので、フルーツはよい緩下剤でもあり、腸にある、およそ3〜4キロと推定される腐敗した物質を移動させるのにも役立ちます。野菜（参照→『第3段階』）もですが、できるなら有機栽培のものを求めましょう。そうでないとせっかく浄化した有毒物質が殺虫剤の残留物にとって替わられることになります。
　次にあげるフルーツはこの食事を続ける際におすすめのものです。

◎**リンゴ**は、毒素を取り除くのを助けるペクチンと、消化に効果のある酒石酸を豊富に含みます。
◎**パイナップル**は、ブロメリンという酵素を含んでいます。これは内臓にある悪いバクテリアを破壊する酸をつくるのを助けるだけでなく、消化に重要な役割を果たす「良い」バクテリアをつくるのも促進し、組織の回復にも効果があります。
◎**パパイヤ**は、パパインという酵素を含んでいます。パパインは、ブロメリン同様、タンパク質の老廃物を分解します。
◎**ブドウ**は、組織の機能を妨げる粘液質の生成を阻止する役割を果たし、肝臓と腎臓の浄化を助けます。果糖が多く含まれているので、すぐにエネルギーとなります。
◎**スイカ**は、利尿剤ですから毒素を運んでいる液体がシステムを速く通過するようになります。

第3段階

　生野菜を加えます。豆もやし（できれば自家製の）を加えるようにしましょう。芽は、種の栄養量の5倍になるからです。生のニンニクを使いましょう。優秀な血液浄化剤です。でも慎重に！　ニンニク愛好者は、定期的に食べていれば息が臭うことはないと言いますが、その理論が事実に基づいているかどうかは、それを教えてくれる良い友人が必要です。
　野菜にはフルーツと共通の特徴が多くあり、いくつかはサラダで食べると特に、浄化パワーを発揮します。

◎**フェンネル（ウイキョウ）**は、消化を助け、胃腸内にガスがたまるのを防ぎます。
◎**クレソン**は、ベータカロチンと硫黄を含み、どちらも肝臓の調子を整えます。
◎**タンポポの葉**は、肝臓と腎臓の調子を整えると同時に利尿剤でもあります。
◎**パセリ**は、穏やかな利尿剤で、肝臓の機能を助ける亜鉛や微量元素を含んでいます。

第4段階

調理した野菜と玄米を加えます。野菜はできるだけ少量の水で、できるだけ短時間調理することとし、栄養が最大限残るようにします。蒸すのが一番いい方法で、次が炒めることです。アブラナ科の野菜は、過度の負担を強いられている肝臓に特にいいものです。米は必ずジャポニカ種の玄米にします。吸収剤としての効果がはるかに高く内臓の毒素を吸収しますし、消化ももっとよく、繊維質も豊富に含まれているからです。

調理に使うスパイスにはカイエンとショウガを入れましょう。どちらも消化器官を刺激し、肌を通して毒素を排出するのを助ける働きをします。

普通調理して食べる野菜のなかで、体内浄化の役にたつものには次のようなものがあります。

◎**リーキ（ニラネギ）、玉ネギ、ニンニク**は、硫黄の化合物が含まれており、有毒な金属の浄化に効果があり、浄化速度も速めます。
◎**アーティチョーク**は、肝臓が胆汁をつくるのを刺激します。胆汁は、消化作用を速めます。
◎**キクイモ**は、イヌリンを含み、イヌリンは、内臓のなかのよいバクテリアの成長を促します。ただ胃腸にガスがたまると定評がありますので、気をつけて！
◎**ビートルート**は、酸性（酸をつくるわけではありません）の食物で、胃腸のなかで消化を助ける酵素を生成する機能を刺激します。

第5段階

豆とナッツと種を加えます。豆はよいタンパク質源ですが、この段階では米と一緒に食べてはいけません。デンプンとタンパク質が混ざると消化が遅くなるからです。この2種類の食品を食べるときには4時間あけるようにしてください。

ナッツは生か塩をつけずに食べます。種同様、必須脂肪酸の形で役に立つカロリー源です。必須脂肪酸は身体のあらゆる細胞が必要としているものですが、体内でつくることができません。必須脂肪酸は、胆汁の流れを刺激し、消化作用を速めます。ゴマ、ヒマワリ、アマニは、どれも必須脂肪酸が豊富に含まれています。

第6段階

穀物と生ヨーグルトを加えます。ヨーグルトは山羊または羊のものにします。消化がよく、内臓には牛のヨーグルトと同じよい効果があるからです。

穀物は必ず全粒にします。腸の中にある老廃物を動かす繊維質と、肝臓機能によい微量のミネラルが含まれているからです。ライ麦、ソバ、大麦、オーツ麦など、小麦以外のものなら何でもかまいません。いずれも血液に、ゆっくりと確実にグルコースを供給し、肝臓がグリコーゲンを供給できるようにします。グリコーゲンは、緊急用エネルギーとして血液に砂糖を運ぶと同時に、浄化機能を効率よくすすめるためにも必要なものです。

第7段階

魚を加えます。新鮮な魚ならどれでもいいのですが、寒流の魚なら、肌のために必須脂肪酸が得られてなおよいでしょう。これでプログラムは終わりですので、少しくつろいだ気分になっているでしょうが、今まで食べられなかったものをあれこれ急いで食べはじめるのはやめましょう。

理想的には、食べられなかった食品は最低1日おきに食べはじめるといいでしょう。この段階までに、身体がより整っているような感じがするはずですから、そのおかげで、なにをいつ食べるか決めるのに役立つでしょう。乳製品（チーズ、生クリーム、牛乳）と肉は少しずつ加えていきます。どちらも飽和脂肪が多く含まれていて消化を遅らせるからです。小麦は最後に加えます。こうした複雑な食品を取り入れるのを急ぎすぎると、消化機能にトラブルを起こす可能性が増えます。

赤信号の食品（と避ける方法）

食物には、身体がそれを扱うようにはなっていないものがあります。そのようなものを摂取すると、消化機能や循環機能にトラブルを引きおこすことになりがちですが、残念ながらその多くは、私たちが生物学的にあるいは社会的に、最も依存しているものでもあります。

体内浄化の期間およびその後1、2週間は、次に挙げる食品を避け、必要ならばここに書いてある代替品を取るようにしましょう。

- 牛乳とヨーグルトやチーズなどの乳製品。牛乳の脂肪細胞は非常に大きく、多くの人が消化できないため、さまざまな程度のラクトース（乳糖）の不耐性（過敏症）につながります。羊または山羊のミルクにすれば、脂肪細胞は小さくなります。
- コーヒー、紅茶は、人工的に循環機能を刺激し、内臓を刺激し、酸を生成します。
- アルコールは、浄化プロセスに重要な酵素の集団を妨げるため、体内の「毒素の親玉」として働き、その他の毒素の効果が増します。利尿効果もあるため、肌やその他の組織の水分を奪います。
- 小麦は、消化器官を刺激し、粘液をつくりだすことがよくあります。ライ麦などその他の穀物で作ったパンにするか、米から作った朝食用シリアルなどを食べるようにしましょう。
- レンズ豆は、腸内に恥ずかしいくらいの量のガスをつくりだすことがあります。
- マッシュルームは、野菜というより菌類で、内臓にいるよいバクテリアの成長を妨げる可能性があります。
- オレンジは最も酸性度の高いフルーツで、肝臓を充血させることがあります。
- トマト、ホウレンソウ、ルバーブは、蓚酸が多く含まれていて、内臓を刺激することがあります。
- ピーナツは非常によく見られるアレルゲンで、消化が悪いものです。

汚れと毒素を取り除く **87**

みがいて輝かせる

肌の表面の活動

　血液を浄化して循環機能を高めたら、どんな石鹸やローションやジェルよりも肌をキレイにしたことになるでしょう。それでも、死んだ細胞は表面に蓄積されつづけますし、ホコリは、古い細胞と自然の皮脂にくっつきますので、局所的に対応することは必要です。けれども取り除く毒素が少なく、健康で新しい細胞がより素早く生成されれば、このプロセスも素早く簡単、そして自然なものになります。

　タオルと植物オイルと水以外にはなにもいりません。オイルは肌のタイプに合うものを選びます（参照→P.33）。決められないならばヒマワリとアボカドとセサミオイルを等分に混ぜたものを試してみましょう。タオルをお湯で濡らしてから、絞って顔にやさしくあてて、毛穴を開くようにします。オイルをほんの少し手のひらに垂らして、肌をやさしくマッサージします。リンパの排出を促進するような動きを使えば、二重の意味でキレイになります（参照→P.76〜77）。

　タオルをゆすいで、オイルと附着したホコリを完全に拭きとります。タオルは定期的に洗うようにし、面倒くさいからといってティッシュペーパーは使わないこと。ティッシュペーパーは木材パルプが原料ですので、顕微鏡によらなければ見えないような小さな木片が含まれていて、肌に附着することがあります。

　このような簡単なクレンジングのいいところは、1、2週間後に見えてくるでしょう。けれども、時々、スクラブをすることも必要になります。

　スクラブは、クレンジングと違って毎日必要なものではありませんが、時々行うと、毒素の浄化の効果もありますし、肌の循環も促進します。家具を磨く前にホコリを払うのと似ています。実際、ほとんどの家庭内のホコリは、人間の皮膚の細胞でできているのです。もしもこうした皮膚の堆積物を最初に取り除かなければ、磨いても一緒にこすられてしまって、輝くよりもしみになってしまうでしょう。同様に、どんなクレンジング法を使ってもそこにホコリが蓄積されていれば、輝くことはないのです。

　スクラブは加齢とともにより重要になってきます。皮膚細胞が新しくなる速度が遅くなり、細胞が溜まるしわは増えるからです。死んだ細胞のつまったしわは、清潔なしわよりも深くなります。これらの細胞を取り除けば、皮膚の再生プロセスが早まります。これがたぶん男性の肌の方が、女性の肌よりもゆっくりと加齢していくように見える理由でしょう。男性は毎日髭を剃るため、無精髭だけでなく、死んだ皮膚も剃り落としていることになるのです。

　肌が年をとると、よりやさしくさわってやらなければと言います。ヘチマでごしごしこすってもかまわない膝のざらざらと違って、顔のデリケートな肌は、強くこすりすぎると、細かい血管が浮きでたり、肌が荒れたり、ひどく乾燥したりという結果になりがちです。市販されているスクラブは、剥離剤と呼ばれていますが、粗い粒子が入っていて、当然のことながら肌を引っかくことになります。その他の、フルーツの酸をベースにしたものは、刺激が強すぎます。

　表皮はおもに死んだ細胞でできていますが、その免疫系は活発で、あまり多く取り除いてしまうと、空気中や閉じ込められている水分の中にある危険なフリーラジカルの影響力を弱める防御機能が働かなくなってしまいます。若いうちは、こうした過酷な新製品を使っても、悪い影響はなにも出てこないでしょう。しかし肌がコラーゲンとエラスチンを失ってくると、表面に加えられたダメージが目に見えるようになります。

　ある化粧品会社が記しているように、粉末オートミールや、すりつぶしたアーモンドがあれば十分なのです。キッチンの戸棚にあるこうした自然の素材が、完全に汚れを落として輝きを取り戻すとうたっているブランド商品よりも、死んだ細胞を穏やかに安全に取り除くことができるのです。

　伝統的な4つの基本的材料は、塩（抗菌剤）、すりつぶしたアーモンド、オートミール（どちらも昔から使われているクレンジング剤）それに砂糖（今はグリコール酸製品に使われています）です。ただし、穏やかな研磨効果のある他の顆粒状の食材も使うことができます。これをペースト状にするのに特別な準備はいりません。急いでいるときは水に浸けてもかまいませんが、クリームやヨーグルトのようなものを加えると、肌につけるのが簡単になります。また、ブドウのジュースを加えると、ゆすいだときに死んだ細胞を取り去る効果があります。

　次の3つのレシピを試したら、自分のオリジナルに挑戦してみてください。

オートナッツ・スクラブ
　　粉末オートミール　　小さじ2杯
　　すりつぶしたアーモンド　　小さじ2杯
オレンジフラワーウォーター（脂性肌）またはクリーム（乾燥肌）を混ぜる。

シュガーコーン・スクラブ
　　コーンフラワー　　小さじ2杯
　　精製していないブラウンシュガー　　小さじ2杯
　　アーモンドオイル　　小さじ1杯
リンゴジュース（普通肌）またはレモンジュース（脂性肌）を混ぜる。

スティッキーグレープ・スクラブ
　　塩　小さじ2杯
　　ブドウジュース　　小さじ2杯
ギリシアヨーグルトを混ぜる。

　いずれの場合も、すべての材料がなめらかなペースト状になるまで混ぜ、落ち着くまで5分間そのままにしておきます。顔にやさしくマッサージをしますが、目の下のデリケートな部分は避けます。濡らしたモスリンの布で拭い、ぬるま湯で顔をゆすいでから、タオルを使ってやさしくたたいて乾かします。

汚れと毒素を取り除く **89**

顔の肌に
滋養たっぷり

顔の肌に滋養たっぷり **91**

内側からキレイに

　最近よくいわれる健康に関する信条のひとつに「人は、その人が食べているそのものだ」というのがあります。私たちの食生活が、私たちの外見や感情、更にはどんな風に死ぬかにまで影響を与えるのです。飽和状態になった脂肪は心臓病の原因になります。アルコールは肝臓病、精製された炭水化物は結腸ガンになどなど……。

　しかしこのなかで滅多に言及されることがないようにみえる、大事な組織がひとつあります。皮膚です。皮膚は外側にある唯一の組織かもしれませんが、身体の中に取り込んだものに影響を受ける点ではほかと変わりありません。身体のほかの部分と同じく、絶えず活動している複雑な物質である皮膚は、その再生産、修復、保護のために精巧で完璧な栄養の供給を必要としています。実際、あなたが今日食べるものが、あなたが明日身にまとうものなのです。

　自然療法医や栄養学者には、今日皮膚病に罹る率が高いのは主として食生活によると考えている人が多くいます。私たちが必要とされているエネルギーの量よりも多く食べている、化学的に保存された調理済みの食品を食べ過ぎる、そして皮膚が必要とする栄養に欠けるカロリーばかりがぎゅっと詰まった食べ物を取っているなどの事実が原因だと考えているのです。

　内側からきれいにすることへの関心を高めるのは、化粧品会社の手にゆだねられてきました。しかし、化粧品会社はただただうまくいっていたので市場の穴を埋めようという気になりませんでした。その結果AからKまでのあらゆるビタミンと、植物化学物質を含有するクリームとローションが優位に立つことになりました。けれどもこうした栄養は、本当に大切な真皮の層にまで届くのでしょうか？

　答えはたいていの場合ノーです。なぜならこれらは分子の形になっていて、皮膚組織の密になった層に入り込むことはできないからです。目的地にまで届く場合は、そこに至るまでに合成化学物質のお世話になっています。化学物質は血液に入り込んだり肝臓に届く可能性もあり、その影響ははっきりしません。

　化粧品会社は、これらの化学物質がどんどん入り込んで血液に流れ込むことをうたうことはできません。なぜならば、それでは皮膚を通して薬と同じ効果があることになり、薬に分類されてしまうからです。それは化粧品会社が医薬品製造免許を得るために、包括的で長期にわたる管理された試験に合格しなければいけないということを意味します。これは法外な経費がかかる、長々しいプロセスです。

　一方、健康産業はビタミンやミネラルのサプリメント（栄養補助食品）を編み出してその目的をかなえようと忙しくしています。肌に、髪に、爪にいいと投入された結果、今ではあらゆる範囲の「経口化粧品」があります（しもやけにいいという錠剤を見たのはどれくらい前のことだったでしょうか？）。

　こうした栄養クリームやカプセルよりも、もっと効果があり、そして間違いなく安価なのは、肌が必要としている物を皿から食べることです。食事は、栄養を必要としている部分に供給するのに最も確かな方法で、もしあなたの血液が毒されていなくて、きれいで、真皮にある一番小さな毛細血管まで活発に流れているようならば、栄養も素早くそこに到達するでしょう。食事という方法ならば、ほかにも利点があります。健康な皮膚組織に必要な食品の多くは、循環、消化、排出のメカニズムにも役立つからです。

　ああいう状態を治したい、こういう状態になるのを防ぎたいというとき、「バランスのとれた食事」さえすれば必要なものはすべて手に入るとよくいわれます。けれども今日では、本当にバランスのとれた食事をしている人はほとんどいません。肌のことを考えれば、現代の食事に特に貧しいと思われる栄養群が2つあり、その2つは肌を若く保つには必要不可欠です。肌が最も欲しているものとは何でしょう？

顔の肌に滋養たっぷり 93

皮膚にいい抗酸化物質

　活性酸素に代表される人体中の不安定な原子や分子をフリーラジカルといいます。最近では、このフリーラジカルが癌から関節炎まで、いろいろと悪影響を与えていることがわかっています。皮膚にとって最も重要な抗酸化物質は、加齢による衰えの原因にもなるフリーラジカルを破壊するという重要な役割を果たすので、事実上アンチエイジングの栄養と定義してもいいくらいです。

　フリーラジカルは反応性の高い化学物質で、汚染された大気を吸い込んだり、太陽光線にさらされたりしたときはもちろんのこと、ごく普通の代謝プロセスでも血液のなかに取り込まれます。酸化の副産物として、フリーラジカルには感染症を破壊するのに役立つものもあります。しかし多くは細胞を攻撃します。フリーラジカルは、皮膚をはじめとする組織の分子構造をめちゃくちゃにして、細胞から生命維持に必要な酸素を奪って身体を酸化するのです。肌においてフリーラジカルのおもな犠牲になるのはコラーゲンです。この影響で分子はつながったり融解したりして、肌を堅く革のようにします。

　50歳になるまでに、30％の細胞状のタンパク質がフリーラジカルの活動によって損失を受けていると推定されています。肌にはっきり残る結果は、しわや目の下や顎のたるみです。

　その名が教えてくれるように、抗酸化物質はフリーラジカルが組織を酸化するのを遅らせることができます。現在までに100以上の抗酸化物質が明らかになっています。そのなかで、おもなものはベータカロチン、ビタミンC、ビタミンE、セレニウム、それに亜鉛です。ビタミンCとビタミンE、それにベータカロチンは一緒に取ると最も効果があります。この3つには相乗効果があるのです。フリーラジカルに対抗する前線にあるというだけでなく、各抗酸化物質には、皮膚にとってさらにいいことがあります。

◎**ベータカロチン**は、植物の形をしているビタミンA、つまり身体がビタミンAを必要としているときに、ビタミンAの形に変換して取り込めるものです。紫外線の加齢効果から守るだけでなく、免疫システムを活発にして皮膚をバクテリア感染症から保護します。動物に含まれるビタミンAであるレチノールからは太陽光線によるダメージ肌に効く化粧品の原料になるレチンAがつくられますが、レチノールとベータカロチンは無関係です。

◎**ビタミンC**は一番よく効く抗酸化物質という評判があり、風邪の予防から癌の治療までなんにでも薦められる理由はそこにあります。ビタミンCは、加齢による皮膚の衰えを防ぐ弾力性のある組織、コラーゲンの生成にも不可欠です。ビタミンCの摂取量を増やしてもコラーゲンの生成量が増えるわけではありませんが、情け容赦のないコラーゲンの損失を遅らせるぐらいには役立つかもしれません。

◎**ビタミンE**は皮膚の栄養として最もよく知られいるものでしょう。1970年代前半に皮膚のためになることがわかって以来、加工食品に使われるグルタミン酸ナトリウムよりも多くの量が、クリームに、ジェルに、フェイスパックに使われてきました。抗酸化物質としてはセレン（セレニウム）と連携して太陽光線によるフリーラジカルのダメージに対して最も強力に対抗します。また肌の水分を保持するのに役立ち、ダメージを受けた箇所については、新しい細胞ができるよう酸素の最適利用を助けます。

◎**セレン（セレニウム）**はフリーラジカルのダメージから細胞を守るだけでなく乾燥肌からも私たちを守ってくれます。またビタミンEと連携して免疫システムを助け、肌の表面に感染症が現れる前に、感染症と闘います。

◎**亜鉛**は、ビタミンC同様、コラーゲンの生成に欠かせません。また肌が傷ついたりほかの理由でダメージを受けたときの治りを速め、色素沈着も安定させます。免疫システムにも重要で、肌に症状が出る前に感染症をやっつけてくれます。亜鉛が不足すると肌の治りが遅くなり、傷跡が伸びたり、いつまでも残ったりします。

◎**ビオフラボノイド**は、500以上の複合物のグループで、なかには効果の高い抗酸化物質もあります。ビタミンCと連携して結合組織と毛細血管を守り、状態を整えます。レモンの皮と内側のわたは、最も完璧なビオフラボノイド複合物源と考えられています。

◎**プロアントシアニジンとアントシアニジン**は抗酸化物質のグループのなかではあまり知られていません。しかし、その効果はかなり優秀です。それ自体が持つ抗酸化機能に加えてビタミンA、ビタミンC、ビタミンEの抗酸化力を強める力も持っているのです。また結合組織にあるエラスチンとコラーゲンが壊れる原因となる酵素の働きを抑制すると考えられています。なかでも効果の高い形であるオリゴメリックプロアントシアニジン（OPC）は、徐々にスキンクリームに取り入れられるようになっていますが、緑茶やターメリック、ぶどうの種などにも含まれています。

　こうした栄養を含む食物やそのほかの肌を健やかに保つ栄養に関する情報は反対ページの表を参照してください。

美しい肌のために必須の栄養

栄養	役割	多く含まれる食品	効果のある肌、症状
ビタミンA	抗酸化物質。ケラチンの蓄積を抑えて、肌をしなやかに保つ	脂肪分の多い魚、レバーなどの臓物、卵、乳製品	傷のある肌、フケ症、ニキビ、傷の治りが遅いとき
ベータカロチン（プロビタミンA）	体内でビタミンAをつくりだす成分を含む。紫外線による加齢の効果を抑え、免疫効果を高める	ニンジン、緑黄色野菜、ほうれん草、アンズ、オレンジ、トマト、ピーマン、さつまいも、スクウォッシュ、かぼちゃ、クレソン、キャベツ	ビタミンAに同じ
ビオフラボノイド	抗酸化物質。結合組織の劣化を遅らせ、肌に栄養を与える毛細血管を強化する	柑橘類の皮の内側（わた）と袋、アンズ、ブラックベリー、サクランボ、ローズヒップ、リンゴ、そば	軽度の打ち身、傷の治りが遅いとき、加齢の初期
ビタミンB2	健康な皮膚組織の成長と補修に必要	牛乳、卵、シリアル、レバー、緑黄色野菜（葉状のもの）、鯖、マッシュルーム	脂漏性皮膚炎、鼻や口のまわりの炎症（口内炎、口角炎など）、唇のヒビ割れ、ダメージヘア、オイリーヘア
ビタミンB3	皮膚がメラニンのように自然の日焼け止め物質をつくりだすのを助ける	玄米、鶏肉、小麦麦芽、マグロ、ブロッコリー	皮膚炎、ニキビ、湿疹、疲れ、憂鬱
ビタミンB5（パントテン酸）	健康な髪を保つため新しい組織をつくりだすのに必要	酵母菌、キドニー、卵、玄米、全粒粉のシリアル、レンズマメ	筋肉の震え、痙攣、疲労、不安
ビタミンB6	皮膚の油分のバランスを保つのを助け、アレルギー反応を予防する	鶏肉、酵母エキス、ブロッコリー、バナナ、小麦麦芽、牛肉	脂性肌につながる皮脂腺の過度の分泌、フケ症、水分保持
ビタミンB12	血液が皮膚に酸素を送るのを助ける。毒素の排泄を助ける	赤身の肉、レバー、卵、魚	乾燥肌、皮膚炎、青白い肌色
ビオチン	身体が必須脂肪を使うのを助ける。皮脂腺の過度の分泌を抑える	レバーなどの臓物、小麦麦芽、ビール酵母	乾燥肌、湿疹、鱗状になる皮膚炎
ビタミンC	フリーラジカルを防ぐ助けになる抗酸化物質。コラーゲンの生成を助ける。抗バクテリアで皮膚の感染を減らす。体内浄化作用があり、老廃物の排出を助ける	ブラックカランツ、オレンジ、ピーマン、サクランボ、イチゴ、ブロッコリー、クレソン	壊れた毛細血管、荒れた肌、荒れて鱗状の肌、軽い打ち身、赤い吹き出物、乾燥した頭皮
ビタミンE（トコフェロール）	細胞のダメージを防ぐのに役立つ。血管を強化する。血行を良好に保つ	種と木の実、脂肪分の多い魚、ヒマワリ油、アボカド、豆、小麦麦芽、さつまいも	初期のしわ、青白い肌色、ニキビ、軽い打ち身、傷の治りが遅いとき
葉酸	肌から水分が失われるのを遅らせる	ビール酵母、レバー、小麦麦芽、糖蜜	乾燥肌、湿疹、唇のヒビ割れ、青白い肌色
カルシウム	肌の再生を助ける。よいpHバランスを保つ	牛乳、チーズ、ヨーグルト、アーモンド、パセリ、ビール酵母	血色の悪い肌、「疲れた」肌
マグネシウム	カルシウムと一緒に働いて、しわをつくりだす加齢による収縮を遅らせる。筋肉の活動に欠かせない	新鮮な緑黄色野菜（葉状のもの）、生の小麦麦芽、大豆、牛乳、全粒、シーフード、イチジク、リンゴ、脂肪分の多い魚、木の実	血色を悪く、肌の状態も悪くする便秘、骨の収縮、エネルギーの欠如
セレン（セレニウム）	抗酸化物質で、フリーラジカルと闘う。身体がビタミンEを取り入れるのを助ける。炎症の症状緩和	ニシン、糖蜜、マグロ、牡蠣、マッシュルーム	血色の悪い肌、乾燥肌
シリカ	コラーゲンの生成に必要	トクサ（ハーブ）	初期のしわ、湿疹、乾癬、ニキビ、傷の治りが襲いとき
イオウ	バクテリアによる感染症と闘い、肌を健やかに保つのに役立つ。胆汁の分泌を促し体内浄化作用を助ける	赤身の牛肉、乾燥豆、魚、卵、キャベツ	血色の悪い肌、肌の感染症、疲労
補酵素Q10	免疫系を助けてバクテリアによる感染症と闘う。抗酸化物質なのでフリーラジカルによる老化を遅らせる	大豆油、カタクチイワシ、鯖、ピーナツ、豚肉	免疫力の低下、血色の悪い肌
亜鉛	抗酸化物質、ビタミンAを皮膚へ運ぶタンパク質の生成を助け、加齢でコラーゲンとエラスチン繊維が弱まるのを遅らせる、バクテリアを破壊する免疫系を助ける	肉、全粒粉、ビール酵母、小麦のぬか、小麦胚芽、大豆レシチン、豆	血色の悪い肌、湿疹、ニキビ、髪に元気とつやがないとき、手の爪にあらわれる白い斑点

肌に良い脂肪をとる

　近ごろではどんな栄養も栄養補助食品の形で買うことができます。けれども一日に必要な抗酸化物質の量を昔ながらの方法で摂取すれば、間接的な効果があるでしょう。抗酸化物質に恵まれた食物は、ほとんどすべて八百屋さんで手に入ります。そういう食物は、身体の循環、解毒作用、水和作用などにも効果的です。

　例えばクレソン、ニンジン、アンズ、それにサツマイモには繊維もたくさん含まれていますので、食物が内臓を通る際の消化時間が長くなり、毒素の排出を助けます。植物は普通、アルカリ性なので、肌の表面のとりわけ細い毛細血管への血行を妨げる酸の結晶が血液の中につくられるのを防ぎ、血液の流れをきちんと保つのを助けます。フルーツと野菜は、身体の中の循環を遅らせ、特に脂性肌の傾向のある人にはニキビの原因となるような脂肪の含有量が低くなっています。しかし、脂肪は肌に悪いというのではありません。どんな脂肪を選ぶかにかかっているのです。

必須脂肪酸

　ここ数十年間、脂肪の摂取は恐ろしいと思われてきましたが、一部の脂肪の良さが見とめられるようになってきたのは、肌にとってよいことです。加齢肌の一番よく言われる特徴をここで繰り返せば、水分としなやかさに欠けることです。これは偶然ながら必須脂肪酸が不足したときに最初に現れる症状でもあるのです。

　必須脂肪酸は、肌の細胞壁の一部分で、身体の内部で一種のモイスチャライザーの働きをします。細胞から水分が逃げようとするのをせき止めるのです。必須脂肪酸は、寒流にいる脂肪の多い魚、ナッツ類、種、野生の有機肉、海藻、自家製卵などに含まれます。これらは、農場で育てる動物の数や加工食品を食べる量が増えたのにつれて、ここ2、30年の間に西洋では人気のなくなった食物です。少なくとも私たちの消費するカロリーの15％は、必須脂肪酸からとるべきですが、現在はその半分程度しか摂取していません。

　必須脂肪酸には2種類あって、オメガ3とオメガ6として知られています。前者は、肌の調子に最も影響を与えますが、西洋的な食生活で最も欠けているものでもあります。

　しかし、オメガ3脂肪酸は、体内でつくることはできないので、食物から取る以外にありません。不安定な物質で、非常に簡単に酸化されて腐ってしまうので、食品会社や小売店からは好まれません。もしもオメガ3を含んでいる食品を棚に長く並べておくように処理したり、マーガリンをつくるために水素添加したら、その利点は失われてしまいます。

　必須脂肪酸を食生活に多く取り入れる近道は、ゴマやナタネやクルミ、大豆、亜麻のオイルをキッチンで使うことです。これらのオイルは必須脂肪酸が非常に豊富ですが、早く悪くなってしまうので、冷蔵庫で保存しなければなりません。またこれらのオイルには独特の風味があります。味のよい代替品としては、脂分の多い魚、サーディンやサバやサーモンなどの缶詰があります。

　30代から始まり、50代までには縮んだ骨の周辺に目に見えるようになるしわは、骨からミネラル分が損失したしるしです。缶詰の魚を食べることで、これを遅らせることができます。同時に、飽和脂肪酸と加工された脂肪の摂取を減らすようにします。これらは必須脂肪酸と競いあって、体内の必須脂肪酸の効果を帳消しにしてしまうからです。

　肌に必須脂肪酸の影響が現れるまでには4週間から8週間かかりますが、本質的な変化が訪れます。洗顔後や風雨にさらされたあとのツッパリ感がはっきりわかるくらいに少なくなり、肌の表面もしっとりとみずみずしくなります。必須脂肪酸を多く取る食生活を長期間続ければ、完全に防ぐとは言えませんが、しわの発現に違いがあるでしょう。

　必須脂肪酸の摂取量を増やすとほかにもいいことがあります。例えば、血液細胞の柔軟性をあげ、酸素や栄養を肌に供給する細い毛細血管にまで血液が行き渡るように循環機能を改善します。また食事に対する飢餓感を減らします。

　ナッツや種や脂肪分の多い魚がもたらす余分なカロリーについて心配することはありません。必須脂肪酸には新陳代謝を高める働きがあるので、カロリー燃焼も速くなるからです。必須脂肪酸は体内の脂肪を増やすよりむしろ減らす方に関係しています。あなたの肌が脂性肌の傾向を持っていても、必須脂肪酸の摂取量を増やしたからといって肌がベタベタになるということもありません。飽和脂肪酸の分子がくっついているのに対して、必須脂肪酸の分子は分散しているので、飽和脂肪酸のように毛穴を塞ぐことがないからです。

サプリメント（栄養補助食品）のいいところ

　過去20年間のサプリメントへの熱狂ぶりはまだ衰えていません。英国市場だけでも、今や年間約460億円の売り上げがあり、毎年12～15％の成長率です。食物学者が新しく栄養のある物質の美点を発表すると、すぐにサプリメント製造業者がそれを凝縮してカプセルや錠剤に仕立てあげます。

　これは錠剤中毒の一番上等なものかもしれませんが、本当に必要なのでしょうか。ほとんどの栄養は食物から摂取できるものです。ただ次に挙げる数種類だけは、私たちの食生活のなかで一般に欠けているので、肌を健康に保つためにサプリメントを飲むべきか考えてみる必要があるでしょう。

◎ビタミンE：典型的な西洋の食事は、ビタミンEが豊富とはいえないうえに、塩素処理をした水、風に運ばれる汚染物質、避妊薬やHRT（閉経後のホルモン補充療法）に含まれるエストロゲンに破壊されています。ですからサプリメントを飲むのもうなずけます。合成されたビタミンE（dl-α-トコフェロールと記載されています）ではなく、ずっと効果の高い自然のビタミンE（d-α-トコフェロールと記載）が含まれていることを確認するようにしましょう。

◎必須脂肪酸：種の類を充分に食べられないとか、ナッツ類のアレルギーだとか、必須脂肪酸を豊富に含むオイルの味が好きになれないというときは、イブニングプリムローズオイルやボリジオイルのサプリメントを摂取しましょう。あちこちで入手できます。

◎補酵素Q10：肌の回復や免疫システムの力を高める抗酸化物質が不足するのは珍しいことではありません。カフェインやアルコールの入った飲み物や砂糖が補酵素Q10を簡単に破壊してしまうからです。

◎セレン（セレニウム）：欧州に住む人の多くはセレンが不足しています。現在の欧州の小麦は、私たちが以前食べていた北米の品種に比べて少ししかセレンを含有していないからです。それにセレンが豊富に含まれているレバーなどの臓物の摂取量も減っています。平均的な人は一日60〜70マイクログラムという推奨値の半分しか摂取していません。

◎グルタチオン：体内で3つのアミノ酸が結合したもので、強力な解毒作用、抗酸化作用があります。これらのアミノ酸は果物や野菜にも含まれていますが、3つを一緒にとると最も効果的で、サプリメントの形で摂取するのが簡単です。
◎シリカ（二酸化珪素）：身体が栄養を蓄積する能力は結合組織の生成に役立ちますが年齢とともに衰えます。トクサ茶の大ファンというのでなければ、サプリメントはいい考えです。

よいものが多すぎると？

これらの栄養のすべて、それに表にリストアップしたもの（参照→P.95）は、肌になんらかの理由でよい影響があります。しかし、身体のなかにコラーゲンをつくるのに充分なビタミンC、ケラチンをつくるのに充分なビタミンA、フリーラジカルとの戦場に突撃するのに充分なビタミンEがあれば、それ以上摂取するのは無意味です。実際、水溶性でない栄養の過剰摂取は、肌にさまざまなスキントラブルを引き起こす可能性があります。ですからXやYやZという栄養があなたの肌を劇的に若返らせますなどという言葉を信じてはいけません。人間の組織には限界があるものです。

制限する食物、避ける食物

◎飽和脂肪は、血液細胞の柔軟度を低めて、肌に栄養補給する細い毛細血管に血液が流れる機能を減じます。また脂性肌の人の毛穴を塞ぐ危険があります。
◎砂糖は、肌へのバクテリア感染症の頻度を多くし、症状を悪化させます。バクテリアは糖から栄養を補給しているからです。
◎揚げ物、燻製、バーベキューした食物は、食物に含まれる抗酸化物質を破壊します。
◎塩は身体の細胞から水分を奪い、肌を含む組織を乾燥させます。
◎茶、コーヒー、アルコールは腎臓からの排水作用を促し、皮膚組織を乾燥させます。
◎アルコールは肝機能を妨げ、毒素が生成されるのを促進し、その結果が皮膚を通じて現れることがあります。

顔の肌に滋養たっぷり **97**

手づくりの自然化粧品

顔へのごちそうは、肌の状態を素早く改善させようというものです。古代から顔の応急手当として使われてきましたし、規則的に繰り返し使えばその長所を蓄積することもできます。市販のパックに使われている基本素材の多くは、肌へのごちそうにしようと人びとが育てたり掘り出した日常的な素材を真似したものです。

基本的に、室温で乾くものを肌へ与えると、肌の引き締め効果があります。酸性のものを加えると、角質を取り肌の調子を整えます。素材に自然の油分が多く含まれるときには、肌に栄養を与えなめらかにします。

手作りの顔パックは、局部的な血行をよくしてバクテリアの働きを抑え、肌の老廃物の排出を促進し、肌の表面の水分を閉じ込めたり、穴を閉じて保湿したりして顔の色つやを見た目にもわかるほど改善します。素材はすぐに手に入り、安価で、肌にアレルギー反応を起こすこともほとんどありません。

基本素材

◎**クレイ（粘土）**：何世紀にもわたって顔のパックの主成分として使われているクレイは逆説的な材料です。泥とも言えそうなクレイは、強力なクレンザーでもあり、肌から素早く老廃物を取り除きます。また余計な油分を吸収して毛穴を引き締めます。炎症にも効くクレイはアレルギー反応を起こすこともありません。クレイが何千年もかかって地球から吸収したミネラルが肌に戻っていくという人もいますが、まだ証明はされていません。

フラー土（漂布土）は、顔のパック用にたぶんもっとも広く使われているクレイで、ぞっとするような色にも関わらず強力なクレンジング効果があります。カオリン（白粘土）には強力な収斂効果があり、血行とリンパの流れをよくする一方で肌を引きしめます。

しかし、人びとが時間による肌の衰えを取り戻すために最も興味を持っているのはグリーンクレイです。繰り返して塗ることによりしわが広がることをふせぐからで、これはたぶん肌の表面の血液とリンパ液の流れにそってある筋肉を刺激するためでしょう。グリーンクレイには、うれしいパラドクスがあります。脂性肌を普通肌にし、乾燥肌にはうるおいを与えるという両方の効果があるようなのです。

忙しいときには、クレイと水（フローラルウォーターまたは湧水）、それにエッセンシャルオイルを数滴混ぜると、手早く簡単なフェイスパックの基本になります。

◎**粉類（小麦粉など）**は、料理のときと同様、素材をつなぐのに使われます。しかし、注意深く選べば、栄養補給やクレンジング効果もあります。ヒヨコマメ粉末は、インド亜大陸で広く化粧品の主成分として使われています。多方面に使えるベースで、栄養補給やクレンジングにも使われます。しかしほかの粉末、トウモロコシや小麦、オーツ麦なども使うことができます。

◎**海藻**にもクレイと似た効果があり、毛穴を引きしめ、肌をきめこまやかにします。ビタミンとミネラルも非常に豊富です。しかし特有の生臭さがあるので、浜から引きずってきたものではなくて、化粧品らしくするにはエッセンシャルオイルで香りを足すことが必要です。

◎**ビール酵母**には抽出物の特長があり、クレンジング効果、特に脂性肌に効果があります。素材をつなぐのにも役に立ちます。

◎**ターメリック**は、アジアでおもに使われる素材で、伝統的に結婚式当日の肌の特別な輝きのために結婚式前のフェイスパックに使用されてきました。消毒効果もあり、肌色の調子を明るくすると同時に、肌を柔らかくします。

◎**ヨーグルト（生のヨーグルト）**は、肌を生き生きとさせます。脂分を抜き、抜いた水分を戻すときに肌からバクテリアも取り去る乳酸を含んでいます。また肌の調子を整え、引きしめます。定期的に使えば、肌のpHバランスを保って、ニキビを予防します。

◎**蜂蜜**は、どんなものでも粘着性がありますが、驚くことに肌に対して水和作用があります。乾燥肌のためのモイスチャライジング・フェイスパックの多くに蜂蜜が含まれています。しかし、その穏やかな消毒作用は、脂性肌にも効果があることを意味しています。

◎**花粉粒**は、アミノ酸、ビタミン、ミネラルが豊富です。加齢肌の活性化に使われ、粒のスクラブ効果で栄養補給効果が強化されます。

◎**卵**には、2つのうれしい効果があります。卵白は毛穴を小さくして、肌を引きしめる効果があり、卵黄には多くの脂肪酸が含まれ、肌をなめらかにし栄養を補給します。卵は普通分けて使われます。

◎**アロエベラ**は、何千年にもわたって治療用に使われてきた植物です。植物から抽出された液体やジェルには活性酵素が含まれていて、しわを減らす効果があるといわれています。

◎**ベジタブルオイルやナッツオイル**は、両方とも乳化剤として使われ、どちらにも肌にうるおいと栄養を与え、なめらかにする効果があります。

◎**フラワーウォーター**は、蒸留水にエッセンシャルオイルを加えたものです。スキンケアで最も一般的なのはローズウォーターで、ほんの少し酸性であるため、いい化粧水になります。オレンジフラワーウォーターは脂性肌のバランス回復に使われます。

◎**フローラルウォーター（ハイドロラッツとも言う）**は、エッセンシャルオイルを抽出したあとに残る液体で、肌の調子を整えバランスを回復するのに使われます。パックに混ぜて使ったり、パックを取ったあとに肌に軽くたたくようにつけたりします。フェンネルは、昔からしわを防いだり、少なくするのに使われています。マリーゴールドは加齢肌に使うとよいモイスチャライザーになると言われています。

フルーツと野菜

植物にはいろいろな酵素が豊富に含まれ、皮膚細胞を刺激すると考えられています。長期にわたる効果をあげられるほど浸透できるかど

手づくり化粧品の注意
材料は必ず新鮮なものを使い、作ったあとは保存せずすぐに使い切ってください。刺激が強すぎることもありますので、まず目立たない部分（肘の内側等）で、試してみることをおすすめします。特に敏感肌の方は、避けたほうがいいかもしれません。

うかはまだ議論のあるところですが、確かに肌をほてらせ、肌色をよくする効果があります。フルーツは、非常に濃縮したうえに合成した形ではありますがグリコール酸の「フェイスピーリング」の重要な材料のひとつで、フェイスピーリングは最近とても人気があります。ホームメイドのフェイスパックには、店で買う商品よりもフルーツのいいところがいっぱい詰まっています。

乾燥肌・加齢肌には

アボカドには、肌に吸収されやすい一価不飽和のオイルと、フリーラジカルと闘うビタミンEが豊富に含まれています。ブドウには、新しい皮膚細胞の再生産を刺激すると考えられている微量元素が多く、酸味のあるジュースは死んだ皮膚細胞を剥離させるのに役に立ちます。ニンジンには抗酸化物質のベータカロチンがたくさん含まれていて、フリーラジカルの攻撃を退けますし、よいモイスチャライザーにもなります。パパイヤはパパインという植物酵素を含み、死んだ皮膚を溶解して取り去ります。ブラックカラントは、湿潤剤としての評判が高く、乾燥肌に潤いを与えてくれます。

普通肌には

モモは、肌を落ち着かせなめらかにする作用があります。パイナップルは、ブロメリンという酵素を含んでいて、内臓にあるタンパク質の老廃物を破壊するとともに、肌の老廃物も溶解すると考えられています。トマトはアルカリ度が高く肌のpHバランスを整えるのに役立つ一方で穏やかな化粧水としても使えます。バナナはデンプンと糖分が多く含まれていて、肌を落ち着かせ栄養を補給するパックをつくるときのよいベースになります。リンゴはペクチンを含んでいて、強力な解毒剤であり弱い抗菌物質でもあるので、脂性肌にも有効です。

脂性肌には

洋ナシは、表皮から老廃物を取り除くのを促進します。レモンには、脂性肌に効く2つの効果があります。バクテリアを中和して毛穴を閉じる収斂・殺菌作用と、ニキビや傷の回復促進作用です。キュウリは開いた毛穴を閉じる収斂剤としての作用をするアスコルビン酸エステラーゼを含んでいます。アプリコット（アンズ）は、ビタミンPPを含んでいて、強い殺菌作用と収斂効果があります。イチゴはサリチル酸を含みます。サリチル酸は市販の果実の酸によるピーリングに使われていますが、脂性肌の調子を整える収斂剤でもあります。

手づくりパックにトライする

最も重要なのは、ちょうどいいやわらかさにすることです。だらだら垂れるようではきちんと塗るのに横にならなければなりません。反対に堅すぎるようでは、パックをこそげ落とすときに肌を傷めてしまうかもしれません。

パックをつくるときには、液体を少しと、つなぎになるもの、それにオイルが必要です。液体は、素材にするフルーツや野菜に含まれているもので十分かもしれません。足りないときはフローラルウォーターや水を加えましょう。水の場合は、湧水か蒸留水がベストです。水道水を使うときには、最初に濾過し、できれば沸騰させて固い沈殿物や不純物を取り除きます。

フルーツや野菜をベースに選んだときには、果肉をドロドロにするのにミキサーかジューサーが必要になるでしょう。そうしないと顔が一時的に生ゴミのヤマになりかねません。ミキサーは残りの材料と混ぜるのにも使えます。植物系食品やヨーグルトを使う場合には、パウダー状のクレイや、小麦粉などの粉末をつなぎに入れる必要があるかもしれません。

オイルを入れるときには、最後に、ゆっくりと垂らしながら乳化するようにします。マヨネーズをつくるときと似ています。イブニングプリムローズやボリジオイルを1カプセル分加えると、加齢肌の人にはフリーラジカルを退ける効果があり、肌の水分も保てます。

古くからフェイスパックに一番よく使われているオイルはアーモンドですが、たいていはどんなオイルでもだいじょうぶです。肌のタイプにあわせて選ぶようにしましょう（参照→P.33）。

パックの使用法

最初に肌をきしむくらいキレイに、必要ならばスクラブもしておきます（参照→P.88）。そうしないと表面に残っている残留物や、死んだ皮膚細胞が、パックの吸収を妨げることになります。フェイスパックの効果を高めるには、パックを36～45ページの方法に従って上方向、外方向へと規則正しくマッサージしながら塗っていきます。最低10分間はそのままにしておきましょう。20分以上はムダです。それからお湯を使い、清潔なタオルか、パックが固まっているときはモスリンの布で拭き落とします。

完璧なトリートメントをお望みならば、そのあと化粧水をつけます。バラやオレンジのフラワーウォーターが理想的です。また適当なエッセンシャルオイルを加えて効果を高めることもできます。ベルガモット、サイプレス、ジュニパーなどはみなよい化粧水になりますが、肌に合わせたものについては35ページのリストをご参照ください。

それからしばらくそのままにしておいて、すぐメイクアップをして完璧になろうとしないこと。状態がよければ、皮膚は身体の3％の酸素を直接空気から吸入し、同じくらいの量の二酸化炭素を直接排出します。両方の機能が肌をイキイキとさせます。ですから、食後にゆっくり休むように、よいフェイスパックをしたあとは、肌を休ませて呼吸をさせてやりましょう。

次の4つのレシピは家庭でつくれるフェイスパックのいくつかの例です。

アボカドと蜂蜜の栄養パック

油分の多いアボカド、湿潤剤の性質がある蜂蜜、それにエッセンシャルオイルの刺激的な効果が、乾燥肌、加齢肌のためのパックになりました。

熟したアボカド 1/4個　　　液状の蜂蜜 小さじ1
ギリシア風生ヨーグルト 小さじ2
ジャスミンオイルまたはローズオットーオイル 2滴

アボカドはフォークでかたまりがないようにすりつぶし、残りの材料を入れて混ぜ合わせます。顔にかなり厚く塗って、最低10分間はそのままにしておきます。乾いたモスリンの布で拭き落とし、それから布をお湯にひたして、残りのパックを取り除きます。濃厚なパックですので、このあとは下に掲げるローズウォーターミックスのような化粧水で肌をリフレッシュさせるのもいいでしょう。

キュウリとクレイのパック

キュウリとクレイの収斂効果が普通肌～脂性肌の調子を整えます。

キュウリ 5センチ　　　グリーンクレイ 小さじ4
ビール酵母 小さじ2

全部の材料をミキサーにかけ、なめらかになるまで混ぜます。水っぽいときには小さじ1～2のクレイを足します。

ターメリックと卵のパック

卵黄の必須脂肪とターメリックの柔軟効果が、疲れた肌、乾燥肌～普通肌に効くぜいたくなパックになります。

卵（卵黄と卵白を分けておく）1個　ターメリック 小さじ2
ビール酵母 小さじ2　　　花粉粒 小さじ2
ホホバオイル 小さじ4　　　ローズウォーター 適宜

卵黄を泡立ててから残りの材料を混ぜます。顔に塗るのは比較的簡単ですが、むしろベタベタするかもしれませんので、スポンジで注意しながら落とすようにしましょう。肌が驚くほどなめらかになります。

卵の引きしめパック

引きしめ効果のある卵白と、肌をきめこまかくする海藻、それに収斂効果のあるゼラニウムオイルを使って、肌から数年分の疲れを取りましょう。夜向きのパック。

卵白 1個　　　海藻 小さじ4～6
ゼラニウムのエッセンシャルオイル 1滴

卵白を軽く泡立てて、泡が立っているけれども固くなる前のところで止めます。海藻の粉とエッセンシャルオイルを入れてよく混ぜます。顔に薄く塗って、乾くまで待ちます。それから洗い流します。

リフレッシュ化粧水

フェイスパックをしたあとで肌が軽く水分をほしがっているように感じることがあるかもしれません。フラワーウォーター、例えばローズウォーターと適当なエッセンシャルオイルを混ぜて非常の効果のある化粧水をつくることができます。下記のレシピは乾燥肌～普通肌のためのものです。普通肌～脂性肌のためにはローズウォーターをオレンジフラワーウォーターに替え、エッセンシャルオイルはベルガモットかサイプレスにします。

ローズウォーター 100ミリリットル　　　ラベンダー 1滴
フランキンセンス 1滴

小さな瓶に材料を全部入れてよくふります。コットンにひたして顔全体に軽くたたくようにしてつけます。

顔の肌に滋養たっぷり **101**

肌には
たっぷりの水を

肌にはたっぷりの水を　103

肌の内側に水

　顔は、身体のほかのどの部分よりも詩的な描写の興味をかきたてるところです。たぶん顔より興味をかきたてるのは心臓だけでしょう。その魅力は、花やフルーツに並び称されてきました。「桃とクリームを混ぜたような肌の色」「イングリッシュローズのような顔」「身篭っている女性の花咲くような肌」という具合です。詩人のトーマス・ナッシュ（1567～1601）は警告しました。「美とは、皺が食いつくしてしまう花に過ぎない」。4世紀を経ても変わらないこともあります。植物のように、顔の肌も輝くためには、他のなによりも必要なものがあります。それは、水です。

　ある意味では、顔も身体のほかの部分と何ら変わりはありません。つまり、3分の2は、水でできているのです。体のほかの組織で脱水症状が起きれば、全体に問題が起きますが、ただ結果は目に見えるものではありません。対照的に、脱水症状の起きた皮膚は、しわや、目・頬のたるみとなってあらわれます。

　風船がピンと張って、弾力を持ち、形を普通に保っているためには空気が必要なように、皮膚は、それをいっぱいにしておく水が必要です。どちらも弾力を保つための材料を抜いてしまえば、下方へ、内側へと崩れていきます。

　化粧品会社は最低6種類のスキンタイプがあると私たちに訴えかけています（リストは、時がたつにつれて、また宣伝術が巧妙になるにつれて長くなっているようです）。昔ながらの乾燥肌、普通肌、脂性肌に加えて、最近は「敏感肌」「混合肌」「加齢肌」それになんにでも対応できる「トラブル肌」が仲間入りしています。私たちの多くは、その時々にこれらのうまくできた診断法の結果のどこかに当てはまるように思えますが、最終的にほとんど全員がひとつの同じスキンタイプに変わっていきます。それが「脱水肌」です。

　歴史的にみても、脱水肌には常に対処しようとしてきました。エリザベス朝時代は、顔を豆の汁や、雨水、それに尿につけて、水分を元に戻そうと試みましたし、17世紀の美の求道者たちは、小鳥を犠牲にして「鳩の水」を作ろうとしたのです。

大蒸発

　悲しいことに、脱水は加齢のプロセスの一部です。年とともに皮膚は薄くなり、より多くの水分が皮膚から蒸発していきます。既に身体で最も皮膚のうすい顔からは、その厚みから考えられるよりも比率的に多くの水分が失われます。顔は身体のなかでも最も外気にさらされている部分だからです。皮膚が薄くなるプロセスは、30代から気づかないうちに始まりますが、更年期に入ると急激に進みます。男性の皮膚の方が加齢の速度が遅い傾向にある理由のひとつは、男性の皮膚の方がもともと厚いためというより、多くの水分を保持できることにあり、もうひとつは男性には閉経のようなホルモン障害に苦しむことがないからです。

　年齢とともに、発汗も皮脂の分泌も少なくなります。汗とか脂と聞くと、美の処方箋のようには思えませんが、実は水分の素晴らしい保護役です。皮脂腺が生成する顔の油分は、古いテーブルの表面のチークオイルのように皮膚をなめらかにするものではありません。それは、汗のように皮膚の表面に封をして、水分が逃げるのを防ぐのです。20代の脂性肌のエアロビクス中毒の人でも、足首やお尻やお腹よりも顔の方が早く乾くことに気づいているでしょう。しぼんだ風船の形や質感は、数日で目立ってきますが、肌の水分消失は非常にゆっくりなので、鋭い洞察力でもないかぎりなかなか気づきません。

買い物パニック

　ほとんどの女性は30代か40代のどこかで、危機が進行しているのに反応して、モイスチャライザーを積み上げます。英国では、モイスチャライザーの需要は過去5年で50％増えました。これは高齢者の増加や、よりハイテクのクリームが売られていることを反映しているようです。

　モイスチャライザーは、高齢の消費者には使うお金があるという納得できる宣伝文句を証明してくれました。現在、スキンケア製品の総売り上げの半分以上を占め、40代の層に一番よく売れているのです。

　英国の消費者は、乾いた肌をリフレッシュさせたいがために、年間約620億円をモイスチャライザーに費やしています。それでも、その名前にも関わらず、モイスチャライザーは、基本的に肌に水分を浸透させるものではありません。表皮が吸収できる量は比較的少なく、その吸収能力は年齢とともに衰え、その一方でケラチンの生成が増加します。モイスチャライザーは、むしろ一種の皮脂と汗の代替品で、水分が逃げるのを防ぐようにデザインされています。

　伝統的に、モイスチャライザーには2種類あります。水の中にオイルがあるタイプと、オイルの中に水があるタイプの乳化剤です。前者は、水のなかにミクロレベルの小さな滴となったオイルが入っていて、結果として軽く流れるようなクリームになります。後者は、オイルの中に水が入っているので、こってりした質感のクリームなどになります。

　流れるタイプのモイスチャライザーでは、肌がしっとりするかもしれません。その効果は非常に一時的で、肌についた水分のほとんどは蒸発してしまいます。顔に水をばしゃばしゃつけたり、スプレーしても、似たような効果を得ることができます。

　さらに、流れるタイプのクリームで目的を達成するには費用がかかります。水分が多いので感染に弱く、バクテリアの増殖を防ぐために多くの保存料を必要とするからです。一番よく使われるのは、ハイドロキシ安息香酸で、短期間には炎症を、長期的には身体にまだ知られていない影響を残す可能性があります。米国では禁止するよう提案されています。

　しかし拡大する市場で各化粧品会社は、次々と新製品を出しています。ごくありきたりの、水の中にオイルがあるタイプのクリームに、リポソームやナノスフィアなどの皮膚に水分を運ぶという構想でつくられたシステムが一緒になっています。

　すべての努力は内面よりも外側の症状に焦点をあてています。けれども真皮の奥深くは、その細胞の80％が水分で、水を必要としています。皮膚の結合組織を支える、底辺にあるゲル状物質の中のタンパク質細胞のひとつひとつは、その重さの1000倍もの水を吸収できるようになっています。つまり水が必要なのです。

　どんな方法であれ、顔になにかをつけるよりも、内側に水を取り入れた方がずっと大きな効果があります。

肌にはたっぷりの水を　105

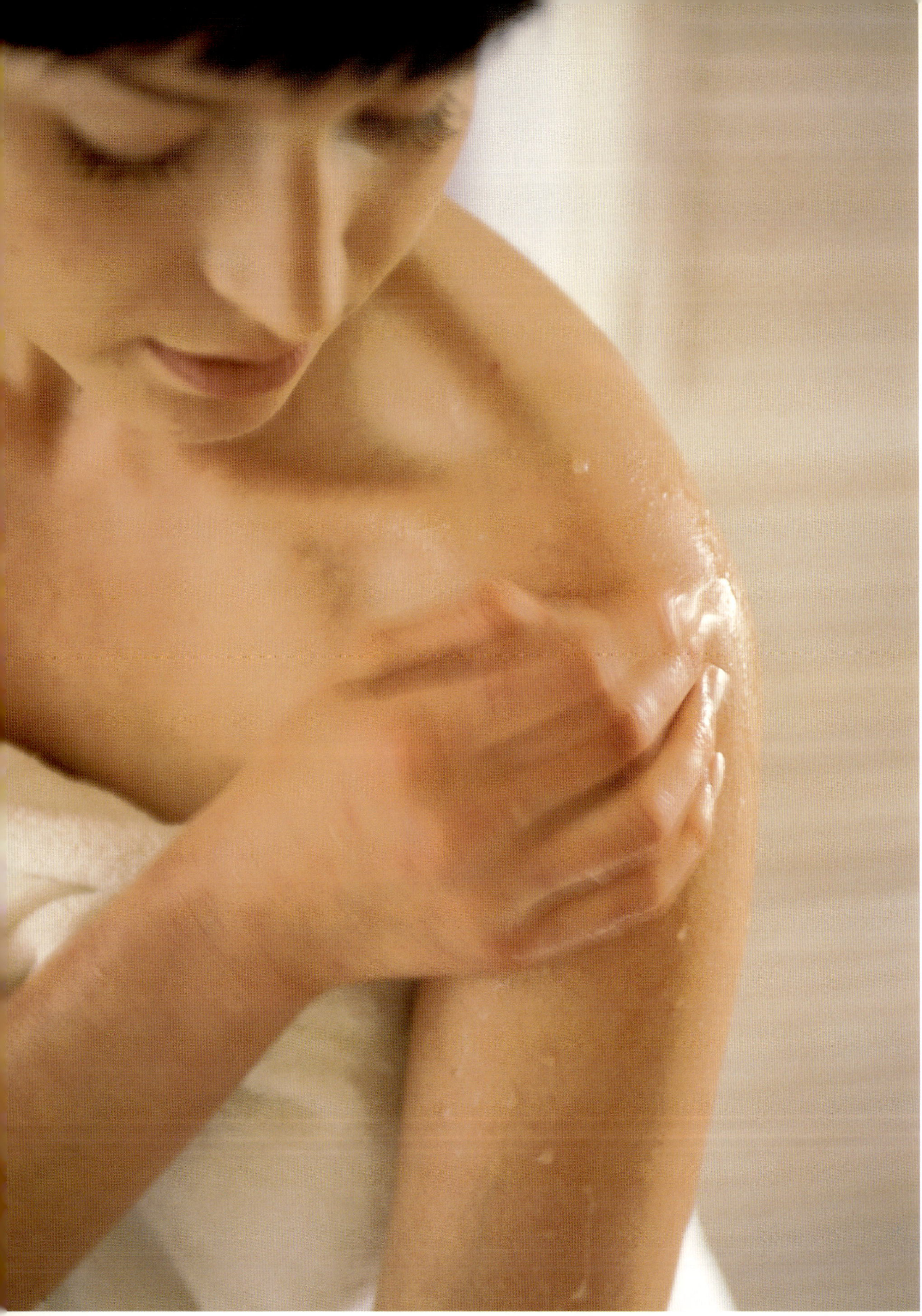

水分の排出と渇き

ごく普通の1日、特に汗をかくことがなくても、身体は平均1.5リットルの水分を、皮膚、肺、腸、そして腎臓から失っています。これは毒素を排出するためにも必要なことですし、毒素の中には、目の下に黒い隈をつくるものや、皮膚の下に集まって吹き出物として出てくるものもあります。水分を排出すると同時に、身体はエネルギーとしてグルコースを燃やすために3分の1リットルの水をつくりだす必要があります。

私たちが生成し、そして失っている水分の量は人によって身体の大きさや活動量がまちまちなため、差があります（下記参照）。しかし最適に機能するためには、平均して最低2リットルの水を体内に入れることが必要だと言えます。

それだけの量を飲んでいる人はほとんどいません。それくらい飲んでいる気がしているかもしれません。しかし、社会的な習慣では、飲んでいる液体の多くは、コーヒーや紅茶、ビール、コーラ、サッカリンで甘味をつけたソーダだったりするわけです。そのどれもが利尿剤で、摂取した液体の多くは、コップから飲んで1、2時間後には排泄系に流れ込んでいます。脳の細胞に水分を与えることもできないのですから、真皮に吸収されるなんて考えられません。真皮は身体の秩序の優先順位からすると相当下の方に位置しているのですから。

結果として、ほとんどの人はそうとは知らずに、慢性の脱水症にあります。その影響は、生命を脅かすものではありませんが、日常生活には大いに関係してきます。疲労、頭痛、消化不良、それに関節痛は、最もよくある脱水症の症状ですが、私たちはふつう、ほかのことのせいにしてしまいます。

最初の渇き

しかし、身体にそんなに水分が不足していて痛みまで訴えているのなら、なぜあなたは常に喉が渇いているような感じがしないのでしょうか。簡単です。身体から水分が奪われているときには、喉が渇くメカニズムが鈍くなっているのです。脳に向かって飲みたいと告げるメッセージが妨げられています。多分短期間の早魃に適応し生き残るための方法なのでしょう。しかしそれが長期になると、脳も中位の水不足を標準として受け入れるようになります。

子供は違います。身体の組織に水分が占める割合がより大きいので、子供は呼吸回数も多くなっています。そこで、それに見合う鋭く敏感な、喉が渇くメカニズムを有しているのです。それが子供たちがよく水を飲み、それもゴクゴクというよりガブガブ飲む理由です。このメカニズムは、普通、10代後半か20代前半に衰えますが、ひどく喉が渇くという感覚が鈍くなるのは、単純に十分に飲んでいないからです。

より多く飲むようになれば、自然のメカニズムが再び目覚めて、また喉が渇くようになるようでしょう。短期間で、身体が本当に必要な量の水を欲しがるようになります。けれども奇妙なことに、決して喉がからからという感じはしません。というのはそれは脱水症の、最初ではなくて、最後の症状だからなのです。

身体が水を欲しがっているときには、いろいろなシステムを使ってメッセージを伝えようと、微妙な症状となってあらわれます。例えば鼻腔がムズムズするとか、疲れの始まりのような感じです。純粋な喉の渇きの症状は個人的なものなので、自分の本能に従ってそれを理解することになります。始めてしまえば難しいことではありません。というのはその利点——エネルギーの増大も含めて——は、非常にはっきり理解できるからです。そして怖がることもありません。本能に従えば、多く飲むようになるにつれて膀胱の能力も少しずつ増大していくので、トイレにしょっちゅう駆けこむこともありません。

水分を多く摂取することが顔に与えるよい影響とは、水の供給が増加して真皮にある細胞がふっくらするということだけではありません。そのほかにもいいことがたくさんあります。美容学的にいいことといえば、水を多く飲むと体重が減ることがよくあるのです。

これは予期していないことですが、歓迎されることの多い副作用で、喉の渇きのメカニズムに触れる結果です。体内のエネルギーレベルが低いときは、脳の中枢にあるコントロールシステムは、空腹と喉の渇きの感覚を同時に表します。幼児のときからエネルギーは甘い味と結びついてプログラムされているので、私たちのほとんどは、よくてバナナ、最悪の場合はビスケットを手にします。エネルギーが必要だと感じるときに、スナックの代わりに水を飲むだけで、身体は驚くことに空腹と喉の渇きの微妙な違いを習得するのです。

身体はどんなふうに渇くのか

身体が1日平均どれくらいの水を必要としているかは、簡単な計算をすればわかります。体重を8で割って、それから四捨五入します。例えば、体重が60キロならば、8で割ると、7.5になりますので、最後の答えは8です。それがあなたの必要な水をコップの杯数で数えたもの。約2リットルということになります。

これは、涼しい気候のときにごく普通の活動をした場合に、最低必要な水分量です。太陽が照りつけているときや、庭を掘りかえしたりジョギングをしたりしたときには、最高その5割増しになります。

水分は食べることもできることを忘れないでください。フルーツだけを食べているフルータリアンには、コップ1杯の水も飲まない人もいます。ほとんどのフルーツと野菜は約90％が水分なので、フルーツを4切れと野菜を4人分（重さにして1キロ強）食べると、水を1リットル飲むことになります。

タップリ、いい水を

水をたくさん飲んで身体に水分補給をすると、肌はいろいろな方法で魅力を高めます。

乾燥肌から普通肌の人の場合、皮脂腺を刺激してより多くの油分を分泌するようになり、肌が潤います。心配はいりません。脂性肌の人をよりベタベタにすることはないのです。

腎臓はより効果的に洗い流され、肌の表面まで出てくる毒素が少なくなります。

筋肉は、顔にあろうがどこにあろうが、より力強く柔軟になります。筋肉は4分の3が水分で、そのうち3％を失っただけで、筋力は10％も落ちてしまいます。

結合組織も脱水して固くなっていたのが、柔軟になり、その根底にあったゼラチン質もより柔軟になって、表情も固定されなくなってきます。

瓶入り？ それとも水道？

水道水の品質に感じている不安が、瓶入りの水ブームを活気づけています。過去10年間に英国のミネラルウォーターの売り上げは約3倍になりました。

原則として、飲料水を水道から市販の瓶詰に替えるのは悪いことではありません。水道水からは何百という化学的汚染物質が見つかっており、そのなかでもよく見られるのは、硝酸塩、鉛、アルミニウム、それに農薬です。しかし瓶詰めの水が、必ずしも純粋で単純というわけではなさそうです。

瓶詰めの水は、テーブルウォーター、スプリングウォーター、ナチュラルミネラルウォーターのどれかに分類されます。最後の一種類だけが、汚染されていない地下水を源泉としていて、余計な加工をしていないことが保証されています。「スプリングウォーター」も普通は地下水ですが、その場で瓶に詰める必要はありませんし、バクテリアを除去するような加工をしてもかまわないことになっています。「テーブルウォーター」は、きちんと定義づけがされていないので、いろいろな源泉の水を混ぜてもかまいませんし、そのなかに水道水が混ざっていてもいいのです。しかし、普通は精製されてミネラル分が加えられています。

ミネラルウォーターを、栄養補給効果のある液体と考えてはいけません。スプリングウォーターや水道水は、よく人工的に炭酸ガスが混入されていますが、その結果、体内で炭素分子がミネラルにくっついて栄養分を奪ってしまいます。本物のミネラルウォーターのミネラル分でさえ、かなり少なく、必ずしも健康的にバランスがとれているとは限りません。例えば、ナトリウム分が豊富な水には、緩やかな脱水効果があります。分析ラベルにある、カルシウム対ナトリウムの比率を見てみましょう。瓶詰めの水を買うときには、ガラス瓶に入ったものを選ぶようにします。太陽のもとに置いておかれたプラスチックボトルの場合、化学物質が水に溶け出すことがあるからです。

水を濾過するのも、最近一般的になってきた、もうひとつの選択肢です。英国で使われる浄水機能つき水差しのほとんどは、活性炭とイオン交換繊維が入っていて、金属や塩素や水の硬度を除去します。ただし濾過装置は、自然にあるカルシウムなどのミネラル分も不純物と一緒に取り除いてしまいます。

フィルターは、バクテリアを破壊するために水道水に加えられた塩素を除去してしまうので、1日以上、水差しの中に水を入れたままにしておかないように注意しましょう。また、フィルターを定期的に取り替えないと、内部にある有害な残余物が、また水差しの方へ浸出しかねません。

肌にはたっぷりの水を 109

水分の流出を止めて

体内のシステムに水を取り入れる一方で、出ていくのを止めることも必要です。体内の毒素や不純物を運びだすために、一定の量が必ず排出されなければなりません。けれども現代の生活状況ではそれ以上に大量の水の排出を促しています。セントラルヒーティング、エアコンディショニング、日光浴、飛行、喫煙、飲酒、それにダイエットは、どれもしわへの近道です。

太陽光

もし1年のほとんどを、ヨーロッパ北部の涼しくどんよりとした気候ですごすなら、幸運な星のもとに生まれたことを感謝しましょう。もっと太陽光があればと思うかもしれませんが、その場合、あなたの皮膚は非常に大きい代償を払うことになります。暖かい日ざしは、表皮からの水分蒸発量を急激に増加させるのです。しかもそれだけではありません。

太陽光は、肌の表面にフリーラジカルの生成を誘発し、フリーラジカルは表皮の脂質を酸化して、その分子構造を破壊してしまいます。リンゴを手にとって皮をむき、そのまま光にさらしておくと、茶色に変色します。同時に、その果肉の表面は、その本質と正常な状態を失い、最後にはしわで覆いつくされてしまいます。これが酸化というものです。同じことが太陽光にさらされた皮膚にも起こっているのです。

全体的にみて、太陽光は加齢に関連する変化の原因の80％を占めています。ですから、特に乾燥肌～普通肌の持ち主は、日陰を探すようにしましょう。太陽のもとにいることを避けられないとき、どうしてもがまんできないときは、ビタミンの助けが必要です。抗酸化ビタミンのビタミンA、ビタミンC、ビタミンEを含んでいるクリームにはフリーラジカルと接触して粉砕する働きがあることがわかっています。

クリームや、ローションやブロック型などの日焼け止めは、今となっては美容の必需品で、肌を紫外線によるダメージから守ってくれます。けれども保護機能が高ければ高いほど、合成化学物質に頼るようになってしまいます。こうした日焼け止めは、パラアミノ安息香酸（PABA）などの物質を含んでいます。パラアミノ安息香酸は、アレルギー性の湿疹の原因になることがあります。ステアリルアルコールは、肌からの水分蒸発を促します。鉱物油は皮膚呼吸を妨げます。アントラニル酸メチルは、コールタールから作られていて、発疹の原因になることがあります。プロピレングリコールは、その有害な作用のためにだんだん使われなくなってきています。アルコールは、肌からの水分蒸発を促します。クマリンは接触皮膚炎の原因となり、また逆説的ですが感光性があります。市販の日焼け対策用品の副作用として最も多く記録されているのは、皮肉なことに、皮膚のやけどや水ぶくれなのです。

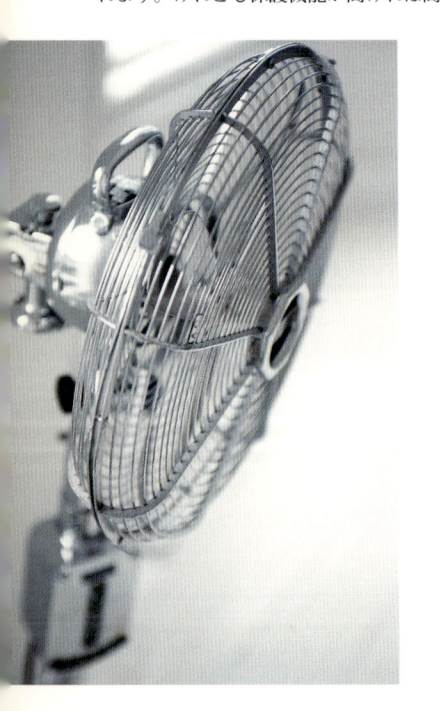

もしも穏やかな日差しにさらされるだけで、しかも敏感肌や極度の乾燥肌の持ち主でなければ、日焼け止めのためには天然のベジタブルオイルを塗れば十分でしょう。最も効果があるのはホホバオイルで、これはSPF指数でいうと5～10になります。蜜蝋は粘着性が高く、皮膚の表面によくつきます。シアバターは、脂肪分50％で、必須脂肪酸を含んでいるため、日焼けとともに酸化に対する保護にもなります。アボカド、ローズヒップ、セサミ、それにウィートジャムオイルは、抗酸化ビタミンが豊富ですので、そのままでフリーラジカルに対抗してくれます。これらのオイルをいろいろな方法で混ぜてもかまいませんし、そのレシピにはビタミンEを保存料として入れるのもいいでしょう。

ナチュラル・サンスクリーン

ウィートジャムオイル　大さじ3、セサミオイルまたはシアバターオイル　大さじ2、アボカドオイル　大さじ3、ホホバオイル　大さじ3、　ビタミンEオイル　3カプセル

すべての材料をガラス製の器に入れ、蓋をしてよく振ります。熱や光にさらされると抗酸化機能が破壊されるため、オイルは冷蔵庫で保存します。暖かい日差しのもとに出るときには定期的につけるようにしますが、完全に日光を遮断すると考えてはいけません。こうしたオイルはSPF指数でいうと4～5程度で、日差しを止めるというより濾過すると考えた方がいいでしょう。

喫煙

太陽光に続いて、喫煙がしわの原因の第2位です。喫煙は皮膚を約40％薄くするので、水分が簡単に逃げやすくなります。さらに煙草に含まれる化学物質のダメージを受けて、コラーゲンやエラスチンの繊維質が破壊され、通常の加齢と同じような状態になり、かつその状態を促進します。煙草の煙はベンゾピレンという物質を含んでいます。これはコラーゲンの生成に必要なビタミンCを破壊し、肌の状態を低下させるフリーラジカルでいっぱいにします。また喫煙すると肌に栄養を供給する毛細血管が緊縮するので、肌から栄養と酸素を奪うことになります。そのうえ、喫煙するときにあらわれがちな表情——目を細めて、口をすぼめる——は、顔のなかでも最もデリケートな皮膚を伸ばすことになります。

これらの影響をすべて足しあわせると、結果として喫煙はあなたの肌に15年を加えることになり、同じ年齢の非喫煙者に比べて目立つしわのあらわれる割合は5倍になります。

セントラルヒーティングとエアコンディショニング

家庭や職場での快適さの代償は、水分を奪うことです。この2つ

のシステムは、温度という点では正反対の目的を持っていますが、空気から湿度を奪うという点では同じ効果があります。

家では、温度を抑えて、冬場など場合によっては加湿器を使うようにしましょう。

飲酒

お酒を飲んだ翌朝、喉と頭はどんな感じがするか思い出してください。アルコールは、顔の肌と同じように内部の組織を乾燥させ、そのせいでいくら飲んでも喉が渇き、ひどい頭痛もひきおこします。アルコールは利尿剤でもあるので、体内の水分が素早く失われます。影響はまだまだあって、赤血球をくっつける働きをするため、毛細血管が詰まり、毛細血管が裂けて、結果として顔に血管の網目が浮かびあがることになってしまいます。喫煙同様、アルコールも身体から酸素とビタミンCを奪って、肌の加齢を促進します。せめて、飲酒の際は、スプリッツァー（白ワインのソーダ割り）を飲む習慣をつけましょう。

ダイエット

英国では、50歳未満の成人人口の85％がダイエットを試したことがあると推定されています。そのほとんどが失敗に終わり、そのプロセスにおいて肌にも有害な結果をもたらしています。一番よくある間違いは、あらゆる脂肪を摂らないようにしてしまうことです。前にも指摘したように（参照→P.96）、肌は必須脂肪酸が常に供給されるおかげで、潤いを保ちしなやかでいられるのです。急激なダイエットは筋肉を失うことになります。ヨーヨーダイエット（体重を落とす、増やすを繰り返すダイエット）は身体を乾燥させ、長期的には肌の加齢を促進することがわかっています。

ですから体重は落としたいけれども、肌は守りたいというのであれば、分別のあるペースでダイエットするようにして、食生活にはナッツや種や脂肪分の多い魚を取り入れるようにします。そして目標体重周辺で体重を安定させるようにしましょう。

飛行機

密閉された機内で空気をリサイクルしていると、ひどく乾燥します。空中の湿度は2％ほどになり、それほど長距離のフライトでなくても肌は驚くほど乾燥してしまいます。飛行機に乗る前も、飛行機の中でも、そして飛行機から降りたあともとにかく水を飲むようにして、脱水効果のあるアルコールを含む飲み物は、どれほど退屈を紛らわせてくれるものだとしても、避けるようにします。

長時間のフライトのときは、霧吹き器を持参し、1時間に1度は、顔にスプレーしましょう。

皮膚から水をたっぷりと

「おばあちゃんは石鹸と水しか使わなかったのに、年のわりに素晴らしい肌なの」という話を何度も聞いたことはありませんか。その素晴らしい肌をつくりだしたのは、石鹸というより水の力のようです。

植物のことはよく知られていますが、顔も内側への水やりから同じような効果を得ます。ほんの少しの液体でも表皮に吸収されます。表皮は平たい細胞が重なっていて最大20％が水分です。しかし、水分が最大限に吸収されているときは、目に見えて違いがあらわれます。最も安全で、安価で、効果のある方法は定期的に水をつけることなのです。

顔に水を浴びせると、肌の水分を回復するだけでなく、循環機能も刺激します。お望みなら冷水を使ったり、冷水とお湯を交互に使うことで、効果が増大します。中には毎日、氷水をかけるという人もいます。ただし色白で敏感肌の人は、血管の網目が浮かびでることがありますから止めてください。顔に水を浴びせたあとは、水滴を軽くたたいて落とすだけにして、水分の蒸発をコントロールするオイルの中に水があるタイプのモイスチャライザーをつけます。

ただ、使う水については選ぶ必要があります。万国共通だと思っているかもしれませんが、水はいろいろなところからきています。硬水は石灰や炭酸カルシウムなどの残余物を含んでいて、肌の表面の脂質の一部を溶かし、肌からバクテリアが侵入するのを防ぐ酸性の「外皮」の邪魔をします。理想的な肌の酸性度はpH5～6ですが、硬水の残余物がアルカリ度をあげるので、肌につっぱり感が残り、しなやかさが失われます。

溶かすタイプの水柔軟材は、固くがさがさした水を、肌がありがたく思うような水に変えてくれます。こうしたものが手に入らないときは蒸留水や瓶詰めの水を使えば、費用はかかりますが、同じような効果を得ることができます。

スプレーする

バスルームから離れているときは、顔には携帯の注水システムが必要となりますが、それにぴったりのものを園芸用品店で手に入れることができます。小さな植物用の霧吹きは、化粧品のカウンターできれいにパッケージされて売られている「フェイスミスト」スプレーと同じくらい、ちゃんと役目を果たしてくれるのです。

スプレーに蒸留水か瓶詰めのスプリングウォーターを入れ、エッセンシャルオイルを最高3滴加えます。ジャスミン、ローズオットー、ラベンダーなどのフローラル系がぴったりでしょう。

肌がこわばってきたと感じたらいつでもスプレーするようにします。飛行中や特に暑いときには、しょっちゅうスプレーするようにしましょう。モイスチャライザーをつける前にも顔にスプレーするといいでしょう。モイスチャライザーは上記のように、潤いを加えるというよりは、すでに皮膚にある潤いを保つようにつくられているからです。いずれにしても目を閉じるのを忘れないように！

石鹸物語

定期的に水を浴びせると表面にあるバクテリアやほこりを落とすことになりますが、これを完璧にするには、おばあちゃんのように、石鹸が必要です。

幸運なことに、石鹸は以前のようなものではありません。pH8で脂肪分が2％だけという家庭用石鹸は肌には乾性に過ぎ、昔は「主婦湿疹」として知られたかさかさした肌の炎症の原因になっていました。米国医師会は、多くのクレンザーがアレルゲンになる可能性があるとして警告していますが、石鹸と水の使用は勧めています。ただし、これらが皮膚を乾燥させることについても認めています。

今日では、石鹸にも幅広い選択肢があります。ココアバターやオリーブオイルなどの脂肪分をたっぷり加えた石鹸（よく「敏感肌用」と銘打っています）で、脂肪分を最大15％ぐらいまで引きあげたものが売られています。グリセリン石鹸も普通のせっけんよりは脂肪分が多く、またグリセリンの湿潤剤としての効果もあります。

別の代替品として、もし水を使って顔を洗いたいのであれば、市販のクレンジング剤を使うのもいいでしょう。こうしたクレンジング剤は、普通の石鹸と比べてpHバランスが肌にずっと近く、普通は、石鹸の脱水効果を補うモイスチャライジング効果のある素材も入っています。

潤いを保つ

内からも外からも水を取り入れるようにしたあとは、その潤いをできるだけ閉じこめておきたいものです。乾燥肌～普通肌の人にとっては、蝋やオイルでできた軟膏がその簡単な答えになります。その簡易版は家庭で簡単につくることができます。市販のモイスチャライザーの場合、腐敗しないよう、化学的防腐剤が入っています。

スキンシールド

蜜蝋　20グラム、アーモンドまたはマカダミアオイル　80ミリリットル、ローズオットーのエッセンシャルオイル　2滴

ベースオイル、エッセンシャルオイルは、植物性ならだいたい何を使ってもかまいません。このレシピは、油分が多く保護性の高いマカダミアオイルと、繊細な毛細血管の働きを助けるローズオットーが含まれており、効果の高いものです。けれども一番大切なのは固体と液体の脂肪分の比率をきちんと守って、手際よく溶かすことです。

二重鍋に水を入れて火にかけ、沸騰したところで内側の鍋に蜜蝋と植物またはナッツのオイルを入れます。蜜蝋が完全に溶けたら、火からおろして軟膏がこってりとするまでかきまぜ、40～45℃になるまで冷まします（料理用温度計を使ってチェックするといいでしょう）。それからエッセンシャルオイルを垂らし、もう一度よくかき混ぜます。

瓶に入れて冷蔵庫に保存します。どちらかというと脂性肌というのであれば、これは少しベタベタするように感じるかもしれません。その場合は蜜蝋を15グラム、オイルを85ミリリットルにして、アザミなどの乾いたオイルから選ぶようにします。

リップローション

蜜蝋　20グラム、オリーブオイル　25ミリリットル、ホホバオイル　5ミリリットル、ビタミンE　1カプセル、マリーゴールドのエッセンシャルオイル　3滴

上記と同じ方法で蜜蝋を溶かし、オリーブオイルと混ぜます。火からおろして残りの材料を入れ、小さな瓶に移して冷まします。乾いた唇にはラベンダーやゼラニウムのエッセンシャルオイルも効果があります。

肌にはたっぷりの水を　**113**

心と体にいたわりを

心と体にいたわりを　**115**

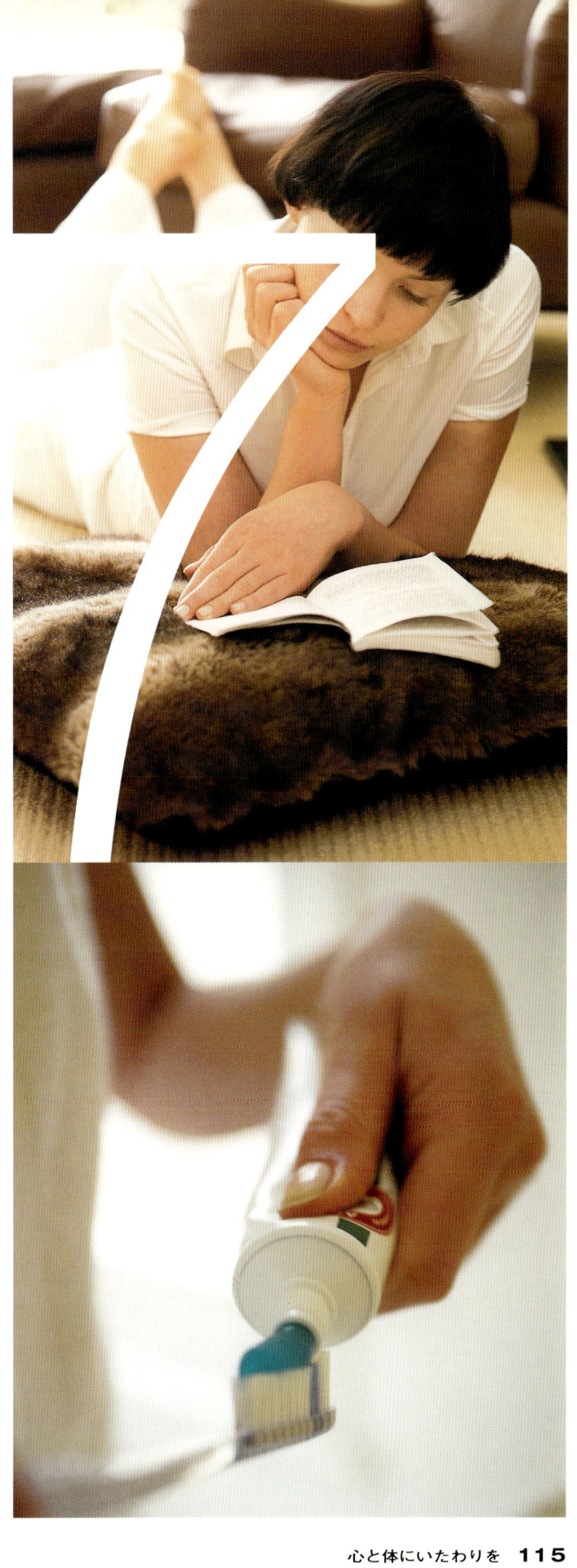

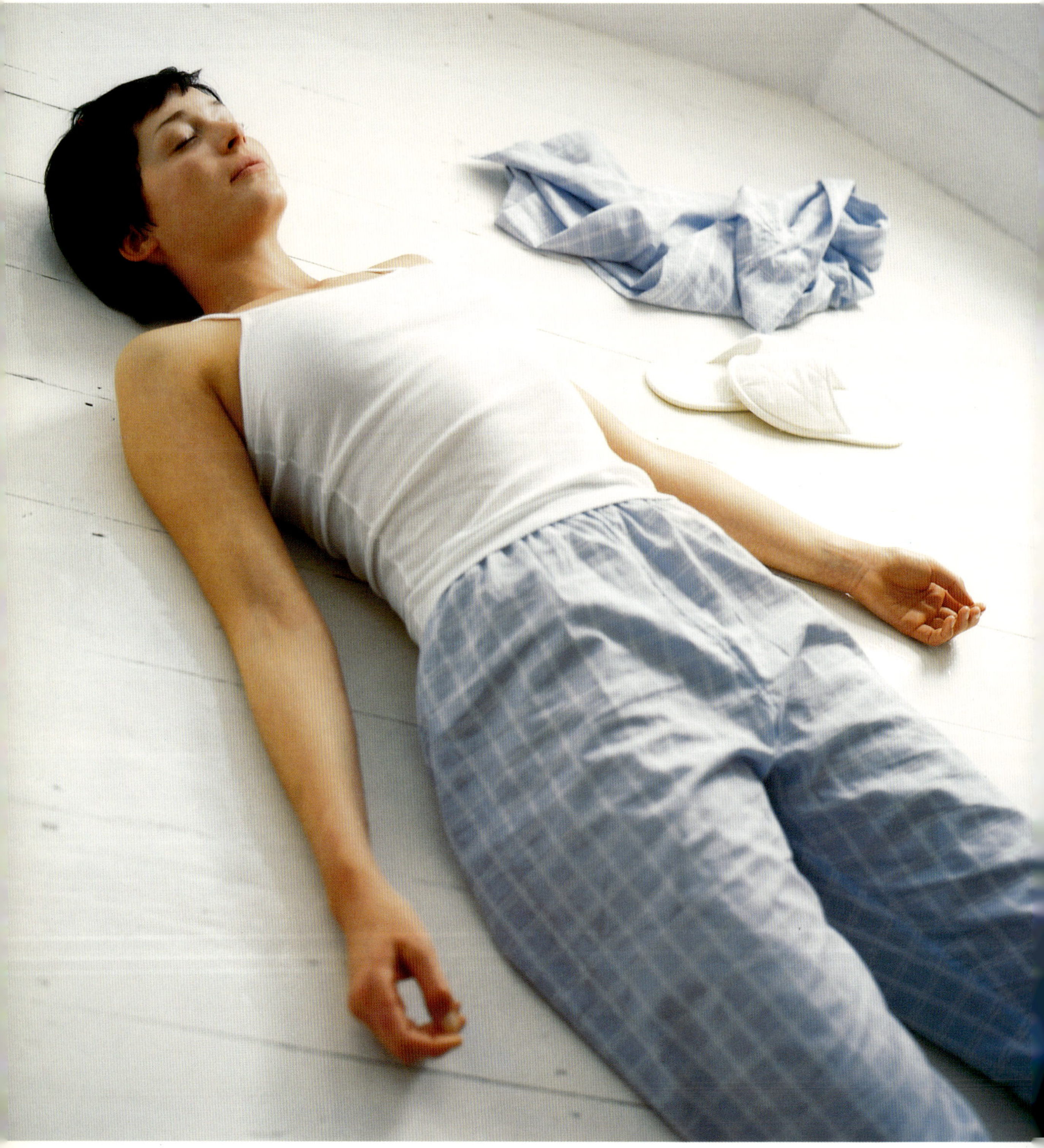

心身を開放してやる

顔は常に人目にさらされていて、ストレスを記録する最初の場所になっています。足し算になやむ子供だろうと、厳しい会議に向かう途中で交通渋滞に巻き込まれている大人だろうと、感情的あるいは肉体的な悩みは、すぐに髪の生え際と首のあいだのどこかにしわや溝となってあらわれます。

どんな人の顔も似たような反応をします。しかし残念なことに、あなたと子供の間には違いがあって、子供たちの肌は、問題が通り過ぎればしなやかに元に戻りすべすべになるのです。大人の肌は、弾力性のある組織が不足していて、ストレスをしっかりとつかまえて真皮に埋め込んでしまいます。繰り返しストレスを受けると、血液やリンパの流れが遅くなりますが、これは顔色が悪くなったり、顔が腫れたりするほかに、皮膚細胞の再生が遅くなるという事態も引き起こします。

それに加えて、ストレスのより一般的で長期的な結果としては、血圧とコレステロール値の上昇、新陳代謝と免疫系の低下、血糖値のアンバランス、気力の低下などがあります。それにストレスが身体に年月を刻んでいくのもわかるでしょう。

ストレスの解決法は簡単です。リラックスすること。でもどうやって？　いかにも簡単に聞こえますが、本当のリラックスを体験している人はそう多くはありません。肘掛け椅子にぐったり座りこめば、背中が緊張します。テレビのスイッチを入れれば、目にストレスがかかります。1杯のコーヒーを飲めば、急激に血圧が上昇します。

私たちに必要なのは、ストレスが姿を見せはじめたときに、自分の意志で緊張を解放する手助けをすることです。ヨガや瞑想など、長い間の定評があり効果的なテクニックの多くは、自宅で学んで実践できます。簡単な助けだけが必要なこともあります。枕、お香、瞑想的な音楽、それに平和と静けさ。専門のセラピストの助けを必要とする人もいます。

指先で行うフェイスリフトのように直接顔に施すセラピーもありますが、リフレクソロジーのように身体の他の部分を通じて顔に影響を与えるものもあります。また、身体全体のリラクゼーションを目的としていて、神経系統全体を鎮静させて顔に影響を与えようというものもあります。

自分で家でやるのもよし、経験豊富なセラピストの有能で心を落ち着かせてくれる両手にまかせるもよし、です。どちらにしてもリラックスすることを学び、元気を回復して若さを取り戻しましょう。

ストレスに打ち勝つ

ほとんどの人は毎日必然的にストレスを受けているのですから、それにうまく対処することです。ただしうまく対処したからといって、ストレスの原因を減らすことにはなりませんから、その影響は延期されるに過ぎません。本当の答えは、どうやってストレスを管理していくか学ぶことです。

専門家の施術にたどりつく前に、生活におけるストレスを簡単で常識的な方法を使って減らせるか試してみましょう。

まず、あなたのストレスの原因となっていることをすべて書き出してリストをつくり、各々の問題を解決する方法を考えてみます。解決できないジレンマがエネルギー不足によって補強される、それが私たちの生活におけるストレスのおもな原因なのです。必ず答えはありますが、それを探りだすにはよい友人や専門のカウンセラーが必要かもしれません。

私たちの24時間社会では、性別による労働の区別がなくなっていて、時間が足りないことがストレスの原因としてますます一般的になっています。あなたが大急ぎで仕事から帰ってきて、さっさと夕食の用意をしなければならないというのに、どうやって子供たちを放課後ブランコで遊ばせればいいのでしょうか。夫と請求書の支払いについて話さなければいけないのに、どうやって夕食の食品を買う時間を見つければいいのでしょうか。真夜中までテレビを見ているのにどうやってセックスする時間を捻出できるでしょうか。

こうした葛藤から生ずるストレスを軽減するには、次に挙げる言葉を標語にすることです。優先順位をつけ、人にまかせて、リストから消してしまう。あなたにとって本当に重要なことで、あなたがどうしてもやらなければいけないことや、どうしてもやりたいことだけをやるのです。たいしたことでなければバツをつけて、消してしまいます。シーツにはアイロンをかけなくったっていいし、少しぐらいできあいの惣菜を買えばいいのです。そうすれば、自分にも前向きにリラックスできる時間と場所を見つけられるかもしれません。

リラックスして元気を回復する

目は覚めたまま完全にリラックスするには、最初はちょっと意識して考える必要があります。

最も効果的にリラックスする方法には長い由来があり、何千年も昔にさかのぼることができます。ヨガ、瞑想、視覚化は、どれもそうした方法で、各々独立した訓練法として行うこともできますし、自分のリラクゼーションに取り入れてもかまいません。どれも最初は教師について学ぶのが一番で、その人が詳しいことは教えてくれるでしょう。例えば、呼吸のパターン、タイミング、リズム、それに姿勢などです。こうしたことで一時しのぎの休憩と深い休息とのあいだに違いがでるのです。

時間もお金もないときには、独習用テープやビデオを手に入れましょう。瞑想（参照→P.118）は、たぶん事前の指導を受けずに家庭で試してみるのには一番易しいでしょう。

深いリラクゼーション

頭に薄いクッションを置いて背中を下にして横たわります。両腕を、肩の高さで両側に伸ばします。そのとき手のひらを上に向けるようにします。身体を手足のひとつひとつからリラックスさせていきます。最初に足から始めます。つま先を収縮させ、それからゆるめます。足首を回して、ゆるめます。ふくらはぎの筋肉を緊張させてからゆるめ、次に太ももで同じようにします。背骨を床に沈めるような感じで、腹部の筋肉をゆるめます。足と同じようなパターンで、手も行ないます。両腕と両肩をリラックスさせたら、首をぐっと伸ばしてそれから力を抜きます。

さて、次に顔に移ります。額は完璧になめらかに感じるように、目は閉じて、口の力を抜いて、呼吸は横隔膜の奥から、ゆっくりと深く吸います。息を止めて、それからゆっくりと吐きだします。呼

吸だけに意識を集中しながら繰り返し、両手両足がだらけて、瞼がぐったり重く、ほんの少しも動きたくないと感じるようになるまで、行います。

瞑想

基本のポーズを使って深い休息状態に達するようになったら、次は瞑想をやってみましょう。これは、すぐに意識を「オーム」と呼ばれる高いレベルに急上昇させようという意味ではありません。手始めに、好きな言葉か音を選びます。最も効果的な「マントラ（呪文）」は、単音節か2音節の言葉で母音にアクセントがあるものです。「ワン（one）」「ワン-オー（one-O）」とか「アイ（I）」「アイ-イン（I-in')」などで試してみてください。要は、頭のなかから他の意識的な考えを追い払うまでひとつの単語なり音なりを繰り返すことです。

いろいろな考えが行ったりきたりすることでしょう。それらは無視して、いつも「マントラ」に戻ってくるようにします。呼吸にも集中するようにすれば、最終的には意識的な考えは解放されて、それが肉体的な解放にもつながります。肩や頭が最初にがくんと落ちます。少し練習すれば、多くの緊張が顔から落ちていくのがわかるでしょう。身体の一部が痺れるのにも気づくかもしれません。マントラを頭に響かせながら、こうした感覚を楽しんでください。

その方がよければ、視覚化もやってみましょう。悩みが流れていく静かな小川を、身体を覆うピンクの輝きを、緊張が頭の上の雲に漂い流れていくようすを思い浮かべます。ストレスが吸収され取り払われていくようすを想像できるならどんな映像イメージでもかまいません。宗教とかポリシーではなく、リラクゼーションのテクニックとして使うのです。時間が許せば、できるだけ長くやってみるとその効果をもっとありがたく思うようになることでしょう。

エクササイズ

エクササイズはまさにリラクゼーションの正反対のようにみえますが、実はリラクゼーションへの近道なのです。エクササイズは循環機能を高め、皮膚への血液の供給を増加させる（参照→P.78〜79）だけはありません。身体のなかのストレスを与える化学物質の残余物を燃やしてしまう一方で、エンドルフィンなどの気持ちのよくなるホルモンの生成を引き起こし、リラクゼーションを誘導します。

一番興味をひかれるエクササイズを選んでください。ウォーキング、ランニング、テニス、乗馬、縄とび、サイクリング、ステップエクササイズ。こうしたエアロビック活動は、心臓と手足の筋肉を鍛えるだけではありません。酸素の供給量をふやして、肌により多くの酸素を行き渡らせ、昨晩なにをしていようとあなたの身体をスッキリと目覚めさせてくれます。週3〜5回、30分のエクササイズをするだけで、違いがあらわれます。

よく見過ごされてしまう2つのいいエクササイズがあります。笑うこととセックスです。

笑いは呼吸を速くして、血液からの酸素吸収を強化し、涙腺を刺激して目を輝かせ、腹部の筋肉のエクササイズをすると同時に、脳へ血液がよく流れるように顔の筋肉を動かします。これらの動きで1分間に10カロリー消費します。10秒間お腹をかかえて笑えば心拍数は10分間ボートを漕いだときと同じくらいまで上昇します。同じように、セックスも循環機能を高めて、脳へ鎮静剤を流す引きがねとなります。

同じ効果をまったく別の方法で得ようとしているようですが、セックスと笑いに共通しているのは、副交感神経に働きかけて、リラックスするホルモンを放出するきっかけとなり、その後には鎮静効果を誘導するということです。楽しいエクササイズのあとにこれ以上のことを望めるでしょうか。

睡眠

睡眠より自然な状態があるでしょうか。新生児は1日最高23時間眠り、年齢を重ねた人びとは昼のさなかに眠るという誘惑に勝てません。それでも多くの人が、この生来の能力をこの間の何十年間は、どこかに失ってしまいます。

これは生理機能の変化もありますが、ライフスタイルにも大いに関係していますので、十分に変えることができます。専門家は24時間社会になってから人びとの睡眠時間が少なくなってきているのに気づきました。ある推定では、1990年代の5年間強で、我々の睡眠時間は25分も短くなっています。この結果は他のどこよりも顔にあらわれています。目の下のたるみや隈、たるんだ瞼や、水気もなければ生気もない顔色。

もしもあなたにそういった望まない特徴が出ていたとしても、あなた一人ではありません。睡眠に関するトラブルを抱えて助けを求めている人の数が、今ほど多いときはありません。この傾向が「睡眠薬」を独立した分野へと、また専門的な不眠治療クリニックの設立へとつながっています。

こういう診療所が行なっているのは、不眠に悩む人の睡眠パターンを観察し、ひどいイビキから、眠れないという問題までに診断をくだすことです。しかし、あなたの問題が深刻でなければ、最初に「睡眠衛生学」として知られるルールを身につけるのもいいでしょう。2週間たっても症状が改善しなければ、専門家の助けを借りる必要があります。

睡眠をとれば身体はリラックスし、頭から足先まで、ダメージを受けたり疲労していたりする細胞を活性化させます。ですから次にあげるルールを守って、睡眠時間を増やしましょう。

- ●毎日だいたい同じ時間にベッドに入り、起きる。
- ●寝る前に、アルコール、喫煙、カフェイン入りの飲み物は避ける。
- ●仕事に関係のある書類や本は寝室に置かない。
- ●部屋の換気をきちんとしておく。
- ●寝る前に緊張をほぐす時間をつくる。
- ●部屋で鎮静作用のあるエッセンシャルオイルを燃やす。
- ●夕食にあまり重たいものを食べない。
- ●眠れないときは、起きあがって、瞼が重くなるまで本を読む。それから横になって、もう一度うとうとするまで、基本のヨガのリラクゼーションの姿勢になる。

心と体にいたわりを　119

ナチュラルな手入れ

自分をリラックスさせる方法はたくさんあります。けれども、だれか信頼できる人の手にゆだねてまかせることほどリラックスできることはありません。以下にあげるセラピーは、訓練を受けた専門家が施すもので、精神を高揚させ、顔のしわとりにもなります。

指先で行うフェイスリフト

指先で行うフェイスリフトは整形手術の自然な代替方法として考えられています。整形手術のように、健康な組織を侵すこともなければ痛みもありません。そのうえ、最高にリラックスできます。

名前が示すように、この「フェイスリフト」では、施術者の指だけが必要な道具です。非常にやさしいマッサージが行なわれると、弾力性のある繊維の間の空間を埋めている「底辺物質」のゼラチン質の結合組織の可動性が高まります。ゼラチン質が固いときは、皮膚が筋肉とその下の骨を取り巻く組織の層に糊づけされている、と専門家は言います。顔の可動性が低くなり、しわが刻まれることになってしまいます。

施術者は、繊細な手で肌にさわりながら、ゼラチン質を引き剥がし、筋肉と結合組織を自由にして、肌を柔らかく、イキイキさせようとします。施術者のなかには、指圧やリンパ排出法を取り入れて効果をあげようとする人もいます。

上手な人から指先のフェイスリフトを受けると、何年分か若返ります。ストレスが軽減され、肌がリラックスした状態になり、しなやかになるのです。しかし、どんなに上手な人にやってもらうにしても、その効果を長続きさせるためには、何度か繰り返し施術してもらうことが必要です。また、専門家によれば、結合組織を柔らかく、しっとりさせておくのにも、顔の表情が豊かになるようにつけた筋肉をそのままの状態に保つためにも、大量の水を飲むことが大切です。

指圧

指圧は鍼療法と同じ原則が基本になっています。どちらのシステムも「気」と呼ばれるエネルギーが、身体のなかの「経絡」として知られる見えないエネルギー回路を流れているという概念に基づいているのです。経絡に沿って、鉄道の駅のように点々とあるのが「ツボ」です。ポイントのひとつに障害物があれば、エネルギーは流れることができません。同じように、回路の先の方までトラブルは広がっていき、障害物が取り除かれるまで、身体のあちこちに問題が生じます。

鍼療法との唯一の違いは、鍼療法では、鍼をこれらのツボに打って流れを刺激するのに対して、指圧は指の圧力で同じ働きかけをすることです。

血行を促進し、ストレスを解放することによって、指圧は肌を生き生きとさせ、目の下のたるみと目の周辺や額のしわを防ぎます。また眉をしかめさせる頭痛や片頭痛も解消します。

専門家の治療では、指圧師は、顔からかなり離れたツボに焦点をあてるかもしれませんが、そこは経絡でつながっているのです。しかし顔は身体の「末端」にあるため、多くの経絡も顔で始まり顔で終わっていて、あなたが自分でさわれるツボも豊富です。

ですから、専門家の指圧療法を1度か2度受けたあとには、家庭で自分の顔に指圧を施してみることもできるでしょう。効果は完全とはいえないでしょうが、その利点を感じること（見ることも！）ができるでしょう。

自己療法

これに必要なのは5〜10分間だけです。留守番電話に切り替えて、メイクアップを落としコンタクトレンズをはずして、鏡の前にすわります。反対ページにあるおもなツボを、髪の生え際から首に向かって押さえます。

ツボは、皮膚の下にある小さなへこみのように感じられ、周辺の組織よりも柔らかく吸いつくような感じもするかもしれません。ツボは、指先がぴたりとはまる場所があるので、探しあてるのは簡単です。ツボに軽〜中程度の圧力をかけます。理想的には約1.5キロですが、どんな感じがするかはまずバスルームの体重計で試してみるといいでしょう。軽いタッチにするには、人差し指より力の弱い中指を使うようにします。

顔と首には多くのツボがありますが、自己療法ではもっと簡単にして、ここに示した主要な8組のツボか、あるいは単独のツボ2個の中から選んで集中して行うようにします。溝やしわ、その他の加齢のサインがあらわれるあたりを選んで、次のルールを守ります。

● 最初に両手をこすり、振って、両手を温め敏感にします。
● 各々の動きの最初は、少しずつ圧力を加え、最後には少しずつ圧力を減らすようにします。
● 押すのは最大7秒です。不快に感じるときは、そこに障害物があるからで、時間をかけると不快な気分が消えていきます。ただし痛く感じるときは止めましょう。

しわの見え始めた肌には、関係のあるツボを1回の指圧で3度押します。

心と体にいたわりを　121

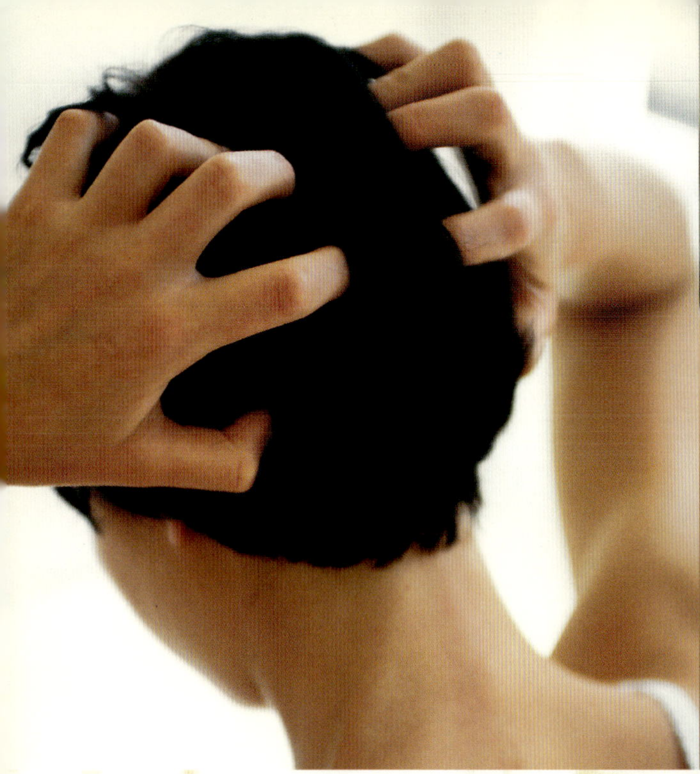
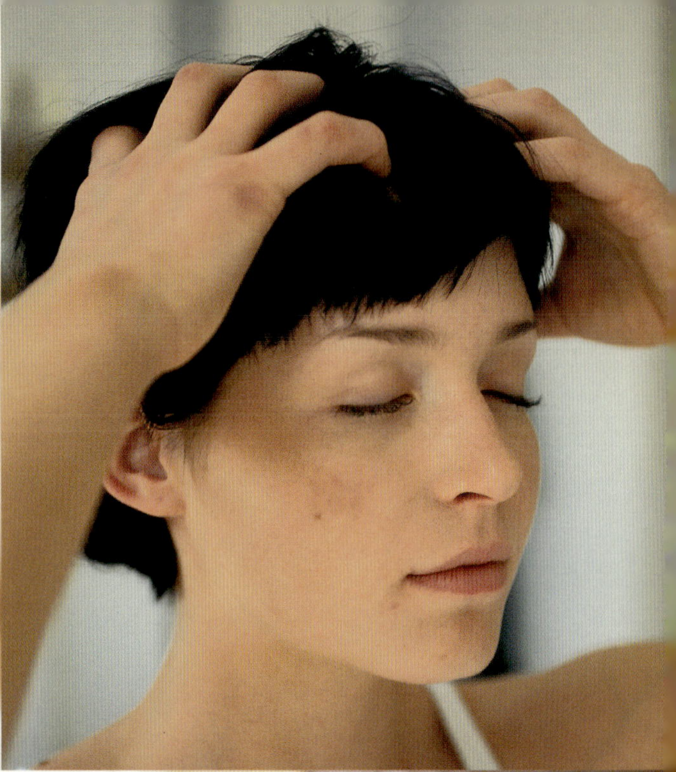
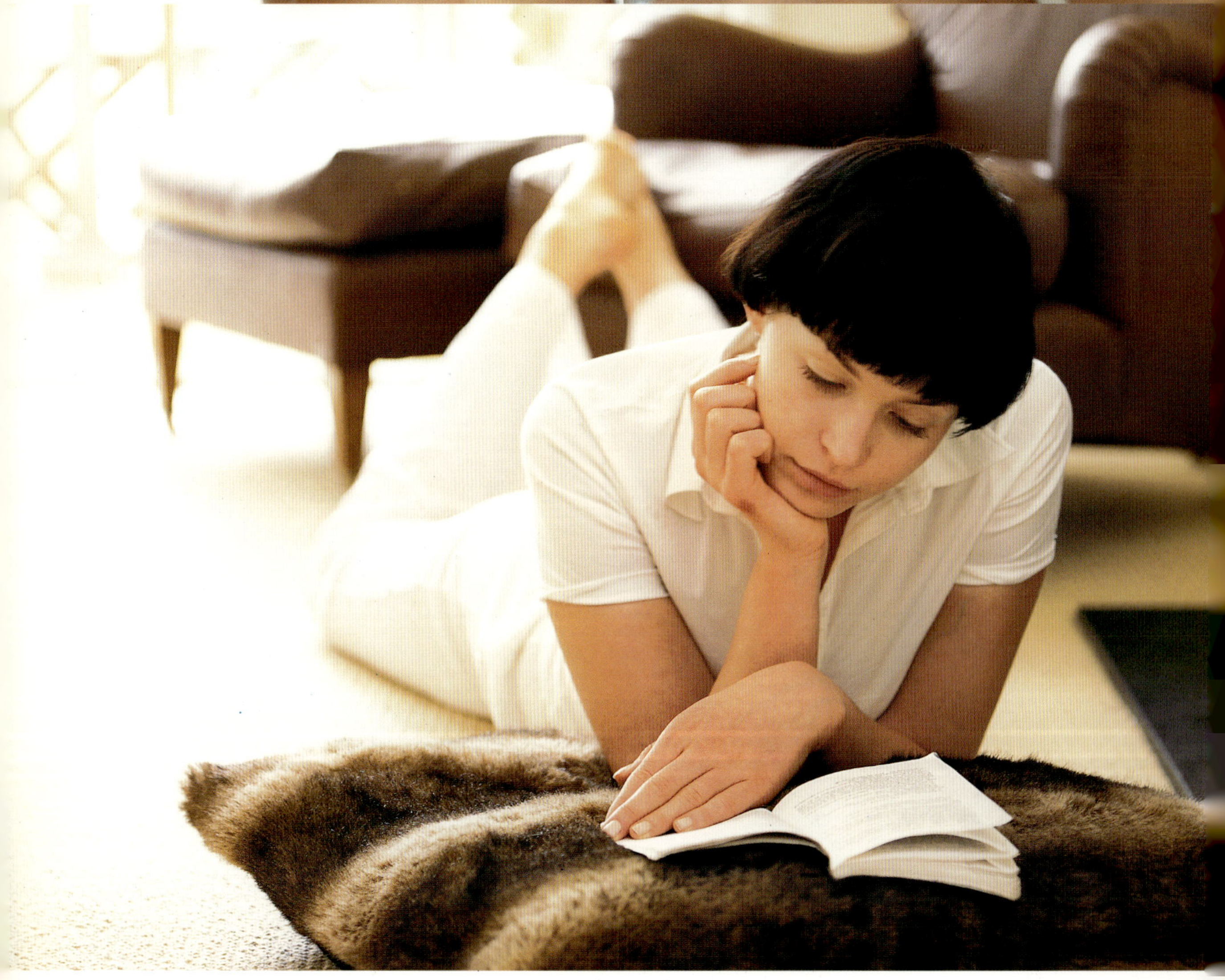

アーユルヴェーダ・マッサージ

　古代から伝わる伝統医療、アーユルヴェーダには「生命の科学」という意味があり、生まれ故郷のインドでは、健康な生活のための青写真と考えられています。肉体的、精神的生活のあらゆる面をカバーしているので、アーユルヴェーダは、身体全体に調和と生命力を回復するためにつくられています。

　アーユルヴェーダでは、これを達成するために薬草療法、体内浄化、栄養ある食生活、ヨガ、それに瞑想などの自然の秩序を取り入れています。アーユルヴェーダの医療では、身体には3つの基本の力が流れていると考えています。すなわち、ヴァータ、ピッタ、カパです（字義どおりではありませんが、風、火、粘液と訳されています）。これら3つの「生命の力」はトライドーシャとして知られ、診断と処方の基礎となります。

　治療師は、あなたの本質的なタイプを見極め、現在のバランスの状態を判断します。この判断は「脈」——両手首の動脈の上にある12の位置のシステム——を読んで、身体全体の体質やさまざまな組織にある3つの生命の力のバランスを理解するのです。舌、爪、目、顔、肌などを観察して分析もします。

　処方には適切なオイルやハーブ製品を使ったマッサージも含まれます。顔に非常に効果のあるテクニックのひとつがシロダーラで、頭をマッサージしたあと、額にオイルを垂らします。決まった量を最高1時間垂らすことによって、ユニークなリラックス効果があります。深刻な短期間の肌のトラブルには、アーユルヴェーダのハーブ製品が非常に効果がありますが、必ずよく訓練を受けたセラピストに処方してもらう必要があります。

インド式頭部マッサージ

　このアーユルヴェーダ特有の頭皮のマッサージは「チャンピサージ」という名前でも知られていて、昔からインドの女性のあいだで髪をつややかに健康に保つために行われてきました。専門家は、若白髪や禿頭の傾向は、頭が緊張して毛包の栄養が抑圧されてしまうからだとしています。アーユルヴェーダ式の頭部マッサージは、頭皮の「マーマ」と呼ばれるポイント（指圧のツボと似ています）に集中して緊張を解放しようというものです。

　しかし顔への効果も同じように表れます。頭皮の緊張は自動的に顔の筋肉へ伝わるからです。頭を覆う薄い筋肉の層をリラックスさせて、専門家の頭部マッサージは頭皮と顔の療法の血行を改善します。

　アーユルヴェーダの専門家は肩と頭を30分ほどマッサージします。強い動きとやさしい動きを交互に用い、マッサージを受ける人の本質的なタイプに合わせた温めたオイルを使います。非常によくあるケースですが、頭皮が非常に緊張している場合、それが解放されたことでマッサージのあとに頭痛がすることがあります。しかし、インド式頭部マッサージのあとには、肌の質は目でわかるほど柔らかくなりますし、眠りも深くなるのが普通ですから、あなたの顔に微笑みが戻るのもすぐでしょう。

リンパ排出法

　美容のお手入れというより、健康的な組織を侵す医療行為のように聞こえるかもしれません。実際には、非常に爽快なタッチでやさしく吸いだすようなマッサージです。目的は、普通の経路から排出できない不要な老廃物をリンパの中心から排出することにあります。これらの老廃物は、そのままでは体内に残って、顔色を悪くしたり、目を疲れさせたり、肌をむくませたり、くすませたりします。

　以前記したように（参照→P.76〜77）、リンパ系は身体中の筋肉の収縮に頼っています。筋肉がなければ、リンパ系は身体の老廃物を浄化するのに何時間も何日もかかってしまうかもしれませんし、その間に、余分な液体が皮膚の下にたまり、腫れやたるみとなってあらわれます。柔らかい組織をマッサージすると、筋肉が液体の毒素を解放して排出する速度が速くなります。

　リンパ排出法は、身体全体——腋窩や、胴体の中から下にかけてのリンパ節が多いところなど——に行っても、肩から上だけを対象にしてもかまいません。頭部にあるさまざまなリンパ節のそれぞれは、顔や頭皮や首の部分のリンパの排出に関係しています。

　セラピストは、あなたに触れる前に、たぶん既往歴を尋ねることでしょう。あとはソファに溶けていくような気持ちを味わいます。このように効果のあるものが、果てしないリラックスにつながるとは信じがたいことです。（体内浄化の食事法や冷たいシャワーとは大違いです！）

　さっと払うようにしたり、揉んでみたり、軽く叩いたり、押したり、とさまざまな動きを使って、セラピストはリンパ液を一番近いリンパ節に流れるように仕向け、老廃物の除去を促進します。その動きはぐいっと押す感じから、あまりにも軽くて感じられないようなものまでいろいろです。

　リンパ排出法はホリスティック医学のテクニックですから、あなたの生活習慣が身体の必要に調和していなければ長期的な効果は望めません。セラピストは、例えば煙草やアルコールの摂取に反対するアドバイスをすることでしょう。このふたつはリンパ系に最悪の影響を与え、結果としてあなたの体質にも影響するからです。

浣腸

浣腸、腸の水治療、腸洗浄と、いろいろな言葉が使われていますが、要は、大腸に弱い圧力で水を注入することです。この方法で腸内に滞っている糞便（宿便）をきれいにすることができます。家庭の排水管が日常のゴミで詰まってしまうのを、水をどっと流して洗い落とすのと同じです。けれども、心配はいりません。それよりは、ずっと穏やかな方法です。

柔らかく曲げやすいチューブを肛門から入れて、そこからお湯を流し入れると、押し流されたお湯と混ざった老廃物が同じチューブから出てくるという仕組みです。流れて出るお湯は、腸内から、糞便、ガス、粘液、それに分解中の糞便のなかに育っているバクテリアを除去します。浣腸の愛好者たちは、すぐに身体が軽く清潔になる感じがして、1日かそこらで体調が大きく改善されると報告しています。浣腸の前と後には水を何杯か飲むことが大切です。

リフレクソロジー

リフレクソロジーは、足のマッサージの特殊な方法です。足とは、顔から最も離れているようですが、リフレクソロジーでは、足には、すべての組織と身体の機能に関連する反射経路、またはエネルギー経路があるという原則に基づいています。これらの反射ポイントに圧力をかけることによって、施術者は、対応する部位のエネルギー経路が開き、身体中の健康なエネルギーの流れを回復すると信じています。顔にあるものも含めて筋肉がリラックスし、身体が本来持っている治癒能力が刺激されます。

心配ごとやストレスはリフレクソロジーの処置によく反応します。背中の痛み、頭痛、片頭痛、鼻づまり、それに循環系統のトラブル……これらはすべて、悩んでいる人の顔にはっきりと表れます。

既往歴を聞いたあと、施術者は親指を使って、力の加減を変えながら足の反射部位を押していきます。柔らかい部分があればそこに集中するのは、その部分が治療の必要な身体の部位を示しているからです。

治療のあと、短期的には関節痛を感じたり、下痢になったり、吹き出物ができる人もいますが、身体が浄化されるのを感じる人もいます。

頭部オステオパシー

頭部オステオパシーは、頭蓋仙骨療法とも言われ、身体が本来、自然に持っている内部のリズムを回復して、肌の下にある、捩れた結合組織とぎゅっと詰めこまれた構造を解放してやるのが目的です。優しく頭部を手でマッサージして、身体が元々持っている最適な形を取り戻す手助けをします。大人がやると、頭痛、片頭痛、歯痛、顔色の悪さやくすみ、循環機能や排泄機能の衰えによくききます。頭部オステオパシーは、不眠症や、不安感、感染症などの、肌にも影響を与える症状の緩和にも使われます。

頭蓋仙骨系は、肉体的な核ともいえるもので、中枢神経系（脳と脊髄）を取り巻く膜、頭蓋骨とこれらの膜についている仙骨、これらから身体中の部位に飛び出しあらゆる神経と神経経路を包む筋膜、それに脳脊髄液とで成り立っています。中枢神経系の貯蔵所から運ばれ、神経経路を通って身体のあらゆる部位へと運ばれるこの液体のことを、セラピストたちは、効果の高い治癒エネルギーだと信じています。

頭部のリズムのバランスを回復するのに、よく知られているように、セラピストは、頭蓋骨や、骨格上の他の部位に非常に優しく両手を置きます。こうして抑圧されていたり緊張している部位を探りあて、抵抗を感じているポイントが見つかり解放されるまで、内部を微妙に引いて動かすか、頭蓋仙骨系をねじったりします。頭蓋仙骨療法は、一般的に快適で、満足のいく状態にあることを深く感じさせてくれます。

にっこり笑える何か

しなやかで輝く肌を手に入れても、それにぴったりの微笑をあなたが浮かべることができないのなら、たいした意味はありません。虫歯や変色した歯にならないように、定期的に歯科検診を受け、最低半年に1度は歯科衛生士の処置を受けるようにしましょう。あなたが喫煙者だったり赤ワインをよく飲むのであれば、もっと頻繁に行くようにします。どちらの習慣も歯のエナメル質にしみをつけるものだからです。輝く歯を持ち、古い灰色の詰め物を、新しい白い詰め物に替えてもらえば、ずっと微笑みやすくなることでしょう。

もし歯科医恐怖症のひとりでしたら、こうした不安を消すために催眠療法を試して見ましょう。

朝晩歯を磨くようにし、できればデンタルフロスと電動歯ブラシを使います。糖分が歯のエナメル質を攻撃するのには数分しかかかりませんので、日中は旅行用ブラシを持ち歩くようにして、甘いものを食べたあとはいつでも歯を磨けるようにしておきます。

その他のセラピー

あなたの身体の頭のてっぺんから足の先までを活性化させるセラピーは他にもたくさんあります。けれどもそれらのなかで、あなたの肌に最もよい効果を与えることを約束するのは、ベイツ法（目の運動）、バークフラワー療法、霊気（米国で知られる自然治癒療法）、アレキサンダー技法、ヨガ、オートジェニック・トレーニング、鍼療法それにロルフィングです。

笑い飛ばす

歯の状態に注意を払えば、あなたの微笑みはしばらくのあいだ強化されることでしょう。美とは皮膚の厚さだけの問題ではありません。若く見えるようにしたいなら、笑うことを忘れずに。あなたの外見からみなされている「まじめ」を吹き飛ばすだけではありません。笑えば、最も目立つ「皮膚医学上のコルゲーション（波）」も、だれもが愛さずにはいられないかわいらしい縮緬状になるのです……。

心と体にいたわりを　**125**

索引

あ
アーティチョーク …………86
アーモンド
　すりつぶしたもの ………88
　アーモンドオイル ………33
アーユルヴェーダ …………8
　マッサージ ………………123
亜鉛 ……………………94, 95
顎
　二重顎のエクササイズ …68
　エクササイズ法 …………61
　二重顎 ………………………24
　マッサージ ………………44
アザミオイル ………………33
足：姿勢 ……………………54
アドレナリン ………………26
アプリコット（アンズ）…99
アプリコットオイル ………33
アボカド ……………………99
　アボカドオイル ……33, 110
　と蜂蜜の栄養パック …100
アラントイン ………………72
アルコール ……86, 92, 97, 111
アレキサンダー技法 ……124
アレルゲン …………………86
アロエベラ …………………98
アンチエイジング化粧品 …14
アントシアニジン …………94

い
イオウ ………………………95
イチゴ ………………………99
イチョウ（銀杏）…………76
遺伝子組換え ………………14
イブニングプリムローズ
　………………………33, 96, 100
イミダゾリル尿素 …………17
イランイランオイル …28, 35
色：人工着色料 ……………17
インド式頭部マッサージ 123

う
ウィートジャムオイル 33, 110
ウォームアップ法 …………57

え
エアコンディショニング 110-111
栄養 …………………………92-97
　栄養補助食品 …………96-97
エクササイズ …………19, 48
　ウォームアップ法 ………57
　気になる箇所 …………63-69
　クールダウン法 …………57
　循環機能の改善 …………79
　整形手術の前 ……………52
　手順 …………………58-69

ヒ
ヒント ………………………57
リラクゼーション ………118
エッセンシャルオイル
　参照→『オイル』
エプソム塩の入浴 …………75
エラスチン ……………14, 52
エンドルフィン …………24, 26

お
オイル
　エッセンシャル 28, 31, 34-35
　禁忌 ………………………35
　効果 ………………………34
　鉱物油 ……………………30
　循環機能の促進 …………75
　植物油 ……………………30
　スキンタイプ別 ……30-31, 33
　抽出 ………………………34
　貯蔵 ………………………34
　ベジタブルオイル ……30, 98
　マッサージ用 ……28, 30-31
オートジェニック・トレーニング
　………………………………124
オートナッツスクラブ ……88
オートミール ………………88
音 ……………………………28
オメガ3脂肪酸 ……………96
オリーブオイル ……………33
オレンジ ……………………86
温度：環境 …………………28

か
カイエン ……………………86
海藻 …………………………98
顔のパック ……………98, 99
　つくり方 ………………100
　つけ方 …………………100
化学物質
　避けるもの ………………17
　スキンケア製品 …14, 17, 92
　大気中にある ……………72
角質層 …………………10, 13
肩：姿勢 ……………………54
過敏症 ………………………17
花粉粒 ………………………98
カルシウム …………………95
加齢 ……………8, 72, 94, 104, 110
ガンマリノール酸 …………33
環境：質問事項 ……………83
乾燥肌のブラッシング ……75
肝臓 ………………14, 72, 73
健康に保つ …………………83
浄化 …………………75, 76, 85
浣腸 …………………………124
眼輪筋 …………………58, 67

き
キクイモ ……………………86
喫煙 …………………………110
気になる箇所
　エクササイズ ………63-69
　マッサージ …………44-45
キュウリ ……………………99
　とクレイのパック ……100
牛乳 …………………………86
胸鎖乳突筋 …………………68
緊張 ………………24, 28, 54
筋肉 …………………………26
　エクササイズ ……………48
　衰え ………………………51
　顔 ………………………51, 52
　可動性の減少 ……………23
　加齢 ………………………52
　皺眉筋 ……………………67
　随意筋 ……………………48
　水分 ……………………108
　相互補完 …………………48
　弾力性 ……………………26
　不随意筋 …………………48

く
クールダウン法 ……………57
口：エクササイズ …………61
唇
　エクササイズ ……………68
　マッサージ ………………44
　唇のしわ
首
　エクササイズ ……………62
　緊張 ………………………54
　姿勢 ………………………54
クリーム
　アンチエイジング ………14
　モイスチャライザー …104
グルタチオン ………………97
クレイ（粘土）……………98
クレソン ……………………85
クレンザー（洗顔剤）72, 112
クレンジング ………………88

け
経絡 ……………………23, 120
化粧水（つくり方）……100
化粧品：自然素材 ………98-99
血液
　化学物質の浸入 …………14
血圧 ………………………117
循環　参照→『循環』
浄化作用 ……………………75
結合組織 ……23, 26, 52, 97
ケラチン ………………97, 104

こ
咬筋 …………………………65
抗酸化物質 ………94, 96, 110
香料 …………………………14
酵素 …………………………99
叩打法 ………………………80
更年期 …………………13, 104
穀物 …………………………86
コーヒー …………………86, 97
呼吸：深呼吸 ……………24, 79
50代の肌 ……………………13
骨盤：姿勢 …………………54
粉 ……………………………98
小麦 …………………………86
米 ……………………………86
コラーゲン ……10, 14, 52, 94, 97
　注入 ………………………18

さ
採光 …………………………28
サイプレスオイル ……35, 75
魚 ………………………86, 96
砂糖 ……………………88, 97
30代の肌 ……………………13
酸性度（pH）……………112
サンダルウッドオイル 28, 35
サンフラワーオイル ………33

し
指圧 …………………………120
自己療法 ……………………120
ツボ ……………………8, 120
シアバター …………………110
ジエタノールアミン ………17
塩 ………………………88, 97
歯科医療 ……………………124
視覚化 …………54, 117, 118
思春期 ………………………13
姿勢 …………………………54
シダーウッドオイル ………75
シトラスオイル ……………75
脂肪 …………………………52
　脂肪（食生活）…………96
　飽和脂肪 ………………92, 96
　脂肪組織 …………………52
　脂肪注入 …………………18
ジャスミンオイル ………112
10代の肌 ……………………13
シュガーコーンスクラブ
　（つくり方）……………88
ジュニパーオイル …………75
循環 …………………………72
　機能をあげる
　………………75-76, 79, 96, 112
　睡眠時 ……………………26
ショウガ ………………85, 86

こ
食事
　栄養 ………………………92
　避けるべき食品 ……86, 97
　質問事項 …………………83
　浄化 ………………85-86, 96
　バランスのとれた ………92
　植物化学物質 ……………92
シリカ ……………………95, 97
シリコン注入 ………………18
しわ ……………8, 13, 48, 52, 94
腎臓 …………………72, 73, 85, 108
新陳代謝 ………………73, 96
真皮 …………………………10

す
スイカ ………………………85
水分補給 …………………108
睡眠 …………………………118
スキンシールド（つくり方）112
スクラブ ……………………88
ステアリン酸 ………………17
スティッキーグレープスクラブ
　（つくり方）……………88
ステロイドホルモン ………52
ストレス …………………24, 117

せ
整形手術 ……………………17
　手術前のエクササイズ …52
　方法 ………………………18
青春期 ………………………13
セサミオイル …………33, 110
セックス …………………118
石鹸 …………………………112
背中：姿勢 …………………54
ゼラニウムオイル ……35, 75
セレン（セレニウム）…94, 95, 97
セロトニン …………………24
繊維 …………………………96
セントラルヒーティング
　………………………110-111
前頭筋 …………………58, 63

た
ターメリック ………………98
　と卵のパック …………100
ダイエット ………………111
体内浄化 ………73, 75-79
　食事 ………………85-86, 96
脱水症 …………………104, 107
種 ………………………86, 96, 97
種類 ……………………85, 86
卵 ……………………………98
　の引きしめパック ……100
玉ネギ ………………………86
たるんだ頬：エクササイズ 68

炭水化物（精製されたもの）
　　　　　　　　　　　……92
タンポポ ……………………85

ち

茶（紅茶） ………………86, 97

て

ティーツリーオイル ………35

と

頭皮：マッサージ …………26
頭部オステオパシー ……124
毒素 ……………………72-73
　質問事項 ………………83
トコフェロール ………17, 95
トコフェロールアセテート …17
トマト ……………………86, 99
トリエタノールアミン ……17

な

ナッツ ……………………86, 96
ナッツオイル ………………98
ナノスフィア ……………104

に

におい ………………………28
二重顎　　参照→『顎』
20代の肌 …………………13
日光：影響 ……………13, 110
日光角化症 …………………13
ニトロソアミン ……………17
入浴：冷水法 ………………79
ニンジン ……………………99
ニンニク ………………85, 86

ね

ネロリオイル ………………35

の

ノコギリソウ …………76, 85
喉の渇き ………………107

は

バークフラワー療法 ……124
ハーブ：浄化作用 ……76, 85
ハイドロキシ安息香酸 …104
ハイドロラッツ ……………98
パイナップル …………85, 99
ハイペラカムオイル ………33
剥離 ……………………………88
パセリ …………………………85
肌
　栄養 …………………92-100
　オイル ……………30-31, 33
　顔が占める比率 …………8
　機能 ……………………10

クレンジング ………………88
構造 ……………………………10
細胞：サイクル ……………10
　タイプ ……………33, 104
　pH ………………………112
蜂蜜 ………………………98
パチュリーオイル …………35
発汗 ……………………79, 104
発癌性 ……………………17
鼻
　エクササイズ ……………61
　開いた毛穴：マッサージ 45
　鼻筋 ………………………61
バナナ ………………………99
パパイヤ ……………85, 99
パラオキシ安息香酸塩 ……17
パラベン …………………17, 72
パルマローザオイル ………35
鍼療法 ……………………124

ひ

ピーチカーネルオイル ……33
ビートルート ………………86
ピーナツ ……………………86
ピーリング ……………8, 18
ビール酵母 …………………98
ビオチン …………………95
ビオフラボノイド ……94, 95
飛行機 ……………………111
皮脂 ………………13, 75, 104
額
　エクササイズ ……58, 63
　しわ ………………………24
　マッサージ ………………45
ビタミン ……………………92
　抗酸化物質 ……………110
　ビタミンA 33, 94, 95, 97, 110
　ビタミンB2 ………………95
　ビタミンB3 ………………95
　ビタミンB5 ……33, 95
　ビタミンB6 ………………95
　ビタミンB12 ……………95
　ビタミンC
　　……14, 94, 95, 97, 110, 111
　ビタミンD ………………33
　ビタミンE
　　……14, 33, 94, 95, 96, 110
必須脂肪酸 ……………86, 96
皮膚炎 …………………17, 72
皮膚剥離 ………………17, 18
開いた毛穴：鼻：マッサージ 45
日焼け止め ………………110
表情のしわ …………………13
表情を読む …………………8
表皮 ……………10, 75, 88, 104

敏感肌
　原因 ……………………17, 72
　マッサージ ………………26

ふ

フェイスリフト：方法 ……18
フェンネル …………………85
フェンネルオイル …………35
副交感神経 …………26, 118
プチグレンオイル …………28
ブチルヒドロキシアニソール 17
ブチルヒドロキシトルエン 17
ブドウ …………………85, 99
ブドウジュース ……………88
ブラックカラント …………99
ブラッシング：乾燥肌 ……75
フラワーウォーター ………98
フランキンセンスオイル …35
フリーラジカル 72, 94, 97, 110
フルーツ ……………85, 96, 99
フルーツ酸 …………………14
プロアントシアニジン ……94
フローラルウォーター ……98
プロポリス …………………17
プロピレングリコール …117

へ

ベイツ法 ……………………124
ヘーゼルナッツオイル ……33
ベータカロチン ……94, 95
ペッパーオイル（ブラック）…75
ベルガモットオイル …28, 35
ベンジルアルコール ………17

ほ

ホウ酸 …………………17
ホウレンソウ ………………86
頬のたるみ ……………13, 24
　エクササイズ ……………65
　マッサージ ………………44
補酵素Q10 ………………95, 96
ボトックス（冬眠療法）…18
骨：収縮 ……………………96
ホホバオイル ……………110
ボリジオイル …33, 97, 100
ホルムアルデヒド …………17
ホルモン
　ステロイド ………………52
　ホルモン補充療法 ………96

ま

マーマ ……………………123
マカダミアオイル …………33
マグネシウム ………………95
マッサージ ……19, 23, 26
　15分間法 ……………40-43
　4分間法 ………………36-39

アーユルヴェーダ ………123
インド式頭部 ……………123
オイル ……………28, 30-31
環境を整える ………………28
気になる箇所 …………44-45
リンパ排出法 ………76, 123
マッシュルーム ……………86
マントラ ……………………118

み

眉間のしわ …………………24
　エクササイズ ……………67
　マッサージ ………………45
水 ……………………85, 104
　硬度 ………………………112
　柔軟にする ………………112
　スキンケア製品 …………14
　スプレー …………………112
　身体からの損失107, 110-111
　必要な量 ………………107
　瓶詰めと水道水 ………108
　フィルター ………………108
　ミネラル ………………108
　水療法 ……………………79
蜜蝋 ………………………110
ミルラオイル ………………35

む

むくみ ………………………26

め

瞑想 ……………………117, 118
目：エクササイズ …………58
目もとのしわ
　エクササイズ ……………67
　マッサージ ………………45

も

モイスチャライザー 104, 112
毛細血管網 …………………13
モモ（桃） …………………99

や

野菜 ……………85, 86, 99

ゆ

指先で行うフェイスリフト
　　　　　　　　……117, 120

よ

葉酸 ……………………95
洋ナシ ………………………99
ヨーグルト ……………86, 98
ヨガ ……………………117, 124
40代の肌 …………………13

ら

ラウリル硫酸ナトリウム …17
ラノリン ……………………17
ラベンダーオイル …28, 35, 112

り

リーキ（ニラネギ） ………86
リップローション（つくり方）
　　　　　　　　…………112
利尿作用 …………………107
リフレクソロジー …117, 124
リフレッシュ化粧水（つくり方）
　　　　　　　　…………100
リポソーム ……………14, 104
リラクゼーション ……117-118
リンゴ …………………85, 99
リンパ液の循環 ……………79
リンパ系 ………………72, 73
　健康に保つ ………………83
　浄化作用 …………………75
　リンパ排出法 ……76, 120, 123

る

ルバーブ ……………………86

れ

霊気 ………………………124
レーザートリートメント…17, 18
レチノイン酸 ………………14
レチノール …………………14
レモン ………………………99
レモンオイル ………………35
レンズ豆 ……………………86

ろ

ローズウッドオイル ………35
ローズオットーオイル 35, 112
ローズヒップオイル ……110
ローズマリー（ハーブ） …76
　ローズマリーオイル ……75
ローマン・カモミールオイル 35
ロルフィング …………124

わ

若返り …………………………8
笑い ……………………118, 124
笑いじわ ……………………67

索引　127

《産調出版のガイアブックシリーズ》

身体の中からも美しく！　産調出版のガイアブックシリーズがお手伝いします。
ガイアブックスの本は、読者の皆様が地球とのより良い調和の中で暮らすためのライフスタイルを提案します。

顔の若さを保つためにはこんな表情も効果的

体の毒素を取り除く

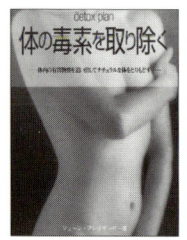

体内の有害物質を
追い出してナチュラルな
体を取り戻す

ジェーン・アレクサンダー 著

日常の暮らしに潜む有害物質やマイナスの感情から体を守るための、週末または30日でできるデトックス（解毒）・プログラムを紹介。

本体価格
2,800円

女性のためのハーブ自然療法

女性の一生涯を
ハーバルライフで
綴ったバイブル

アン・マッキンタイア 著

思春期から更年期にいたるそれぞれの時期を、どうすればすこやかにすごせるか、そのノウハウをハーブで紹介します。

本体価格
6,360円

ヒーリングドリンク

心と体においしく
ヒーリング効果の高い
飲み物

アン・マッキンタイア 著

のどを潤すだけでなく、心と体においしい世界の飲み物120種以上を集めた新感覚のレシピ集。基本となる材料がもつヒーリング効果も解説。

本体価格
2,800円

顔の若さを保つ
the 10-minute facelift

発　　　行──初版第1刷2001年2月1日
　　　　　　　初版第2刷2002年1月10日
本体価格──2,620円
発 行 者──平野　陽三
発 行 所──産調出版株式会社
　　　　　〒169-0074　東京都新宿区北新宿3-14-8
　　　　　電話03-3366-1748
　　　　　http://www.gaiajapan.co.jp

著　　者──テッサ・トーマス（Tessa Thomas）
翻 訳 者──小林　淳子

こばやし・じゅんこ：東京生まれ。国際基督教大学大学院行政学研究科博士前期課程修了。外資系経営コンサルティング会社、国際機関等を経て、フリーの翻訳業。

Copyright© SUNCHOH SHUPPAN INC. JAPAN2002
ISBN 4-88282-241-5 C0075
落丁本・乱丁本はお取り替えいたします。本書を許可なく複製することは、かたくお断わりします。
Printed by Toppan, Hong Kong